Gerd Freiherr von Ketelhodt

Das Werturteil

als Grundlage der Lehre vom Wert

Verlag von Duncker & Humblot
München und Leipzig 1913

Alle Rechte vorbehalten.

Altenburg
Pierersche Hofbuchdruckerei
Stephan Geibel & Co.

Vorwort.

Wenn die Lösung eines Problems darin besteht, daß anscheinend unvereinbare Tatsachen und Meinungen auf eine gemeinsame Grundlage zurückgeführt werden, so dürfte die in dieser Schrift vertretene Auffassung der Lösung des Wertproblems wenigstens nahe kommen. Ich verkenne nicht, daß das Gesagte keineswegs erschöpfend ist, allein es konnte nicht meine Absicht sein, mich ausführlich über Dinge auszusprechen, deren Bedeutung für die Volkswirtschaftslehre jeder Fachmann sofort erkennen muß und richtig würdigen wird.

So fand ich es auch außerhalb meiner Aufgabe, die Literatur ausführlicher heranzuziehen, als es geschehen ist. Es durfte genügen, einerseits Marx als Vertreter der altbritisch-deutschen Schule, andrerseits von Böhm-Bawerk als Vertreter der neubritisch-österreichischen Schule etwas eingehender zu benutzen. Von Marx stand mir das Kapital, 4. Auflage, Hamburg 1890 zu Gebote, von v. Böhm-Bawerk dessen Ausführungen in den Jahrbüchern für Nationalökonomie, Jahrgang 1892, S. 1 ff. und S. 477 ff. Außerdem hat mir das Werk von Dr. Bernhard Rost, die Wert- und Preistheorie mit Berücksichtigung ihrer dogmengeschichtlichen Entwicklung, Leipzig 1908 gute Dienste getan.

Frankenhausen Kyffh., den 1. März 1913.

Freiherr von Ketelhodt.

Inhaltsangabe.

	Seite
Vorwort	III
§ 1. Der Wert	1
§ 2. Die Grundlagen des Werturteils	7
I. Die Tauglichkeit	7
§ 3. Fortsetzung. II. Die Arbeitskraft	12
§ 4. „ III. Die Bedürfnisse	25
§ 5. Das Werturteil	34
§ 6. Die Wertgröße	45
§ 7. Der Wertaustausch	57
§ 8. Der Mehrwert	61
§ 9. Der Wert der Arbeit	66

§ 1.
Der Wert.

Der Ausdruck Wert bezeichnet nützliche Beziehungen der Außenwelt zum Menschen. Sie können verschiedenster Art sein und alles umfassen, was irgend ein Bedürfnis des Menschen befriedigt, so daß nicht nur ein Gegenstand, sondern auch ein Klima, eine vorübergehende Naturerscheinung, der Anblick des gestirnten Himmels oder einer schönen Aussicht von Wert sein kann. Gewiß hat auch eine gemalte schöne Aussicht, überhaupt ein Gemälde Wert, oder kann ihn doch haben, ebenso Gedichte, Musikstücke oder Spiele. Da sich aber die Volkswirtschaft nur mit den wirtschaftlichen Verhältnissen des Volkes befaßt, soll im Folgenden nur von dem wirtschaftlichen Werte geredet werden, und es sollen die ästhetischen, künstlerischen und ihnen ähnlichen Werte, die meist auf geistigem Gebiete Werte sind und das Gebiet der Volkswirtschaft höchstens berühren, von der Betrachtung ausgeschlossen sein.

Grundlage des wirtschaftlichen Wertes sind die Naturgegenstände und die Naturkräfte. Sie sind nicht an sich schon Werte, aber sie sind bestimmt und geeignet Werte zu werden, ihre Eigenschaften gestatten eine dem Menschen nützliche Verwendung. Die Summe der nützlichen natürlichen Eigenschaften einer Sache nennt man Tauglichkeit. Die Tauglichkeit ist also vom Werte verschieden: der Wert ist keine Eigenschaft der Dinge, kann auch nicht als solche gedacht oder verstanden werden, ebenso wie das Urteil über eine Sache nicht diese selbst oder eine ihrer Eigenschaften ist. Allerdings werden heute die Gegenstände schon vor ihrem Gebrauche oder Verbrauche im Hinblick auf ihren voraussichtlichen Nutzen als Werte bezeichnet, was zu vielen

Schwierigkeiten in der Begriffsbestimmung geführt hat. Man kann aber diesen Schwierigkeiten nicht, wie v. Böhm=Bawerk will oder wünscht, durch Aufstellung eines allgemeineren und umfassenderen Wertbegriffes beikommen, sondern nur durch die Erkenntnis, daß schon in den früheren Zeiten der Sprache das Wort „Wert" von der Bedeutung der Sache auf die Sache selbst übertragen worden ist, ähnlich wie das Wort „Gut" ursprünglich ein günstiges Urteil über eine Sache ausdrückte und nun zur Bezeichnung der Sache selbst geworden ist. In der Tat konnte damals der Ausdruck „Wert" für die Bedeutung der Sache, leicht zur Bezeichnung der Sache selbst werden: wer das Fleisch roh aß, das Fell ungegerbt benützte und den Apfel verzehrte, wie er vom Baume fiel, für den lag es nahe, die Gegenstände selbst mit dem Worte zu bezeichnen, das ihre Bedeutung für ihn ausdrückte. Zwischen der Erkenntnis der Tauglichkeit und ihrer Verwertung lag nur ein geringfügiger Zeitraum, man konnte ohne wesentlichen, oft ohne merklichen Aufwand von Arbeitskraft die Tauglichkeit in Wert umsetzen und daher den Dingen gleich den Wert beilegen, den sie unmittelbar danach erhielten. Heute müssen Tauglichkeit und Wert scharf unterschieden werden. Wenn eine Sache wegen ihrer Tauglichkeit als Wert bezeichnet wird, so ist das nur ein beigelegter oder übertragener Wert: die Sache **ist** nur Wert, insofern sie einem Bedürfnisse wirklich dient, sie **hat** schon vorher Wert für jeden, der ihr Wert beimißt, d. h. unter Wert ist die wirkliche Bedeutung einer Sache im Konsum zu verstehen; wird eine Sache schon vorher als Wert bezeichnet, so handelt es sich stets um den Ausdruck eines Werturteils, das richtig, aber auch falsch sein kann.

Mit dieser Feststellung wird den üblichen Unterscheidungen von objektivem und subjektivem Werte der Boden entzogen: Versteht man unter objektivem Werte die natürliche Tauglichkeit der Sache, unter subjektivem Werte deren Würdigung im Einzelfalle, so ist doch der objektive Wert nur beigelegter Wert, der

Ausdruck eines Werturteils, und der Gegenstand dieses Urteils ist damit nur als tauglich zum Wertwerden anerkannt. Der subjektive Wert ist entweder ebenfalls nur beigelegter Wert auf Grund der Eignung des Gegenstandes zur Befriedigung eines Bedürfnisses des Urteilenden, oder er ist der wahre Wert, den der Urteilende im Verbrauche der Sache erkannt hat. Die Unterscheidung zwischen objektivem und subjektivem Wert ist auch dann unhaltbar, wenn unter objektivem Wert die Schätzung durch die Allgemeinheit, unter subjektivem die durch den Einzelnen verstanden wird. Hier ist zwar richtig erkannt, daß es sich beim volkswirtschaftlichen Werte um eine Schätzung, ein Urteil handelt, indessen gibt es keine Schätzung der Allgemeinheit, die den Begriff aus dem Urteilsmäßigen in das Tatsächliche übertragen könnte, es ist immer nur ein Teil der Allgemeinheit, der überhaupt ein Werturteil abgibt, welches also nur ein subjektives Durchschnittsurteil sein kann und für keinen einzelnen maßgebend ist. Davon abgesehen wird hier unter objektivem Wert sichtlich die natürliche Tauglichkeit verstanden. Der subjektive Wert entspricht hier dem oben beurteilten anderen subjektiven Werte.

Wenn die Dinge objektiven Wert hätten, so müßten sie beispielsweise an Zahlungsstatt zu verwenden sein. Es ist bekannt, daß das oft genug versucht wird, wenn etwa auf Wechsel nur ein Teil des Betrages in Geld, das übrige in Teppichen, Zigarren oder sonstigen Gegenständen gegeben wird. Diese Dinge sind zwar objektiv tauglich, aber der Empfänger legt ihnen keinen Wert bei, folglich haben sie für ihn keinen und es gelingt ihm meist nicht, Leute zu finden, für die sie Wert hätten, und die bereit waren, den angeblichen Wert in Geld umzusetzen. Gelingt es aber, dann ist doch der Wert nicht objektiv, sondern subjektiv. Auch Ausdrücke wie „Nährwert" und „Heizwert" bezeichnen nur die Tauglichkeit, aber doch schon mit Rücksicht auf ein bestimmtes Bedürfnis. Der Ausdruck „Wert schaffen" kann nur besagen, daß die natürliche Tauglichkeit der Dinge in einer Weise entfaltet oder ausgestaltet wird, die den Verbrauch der

Güter gestattet, denen man daher Wert beizulegen pflegt. Ob aber dies geschieht, und wie hoch der beigelegte oder der wahre Wert ist, das entscheidet sich nicht schon mit der Herstellung der Güter. Auch die Güter sind keine objektiven Werte, sie sind nur Naturgegenstände mit bearbeiteter Tauglichkeit. **Für die Volkswirtschaft kommt nur der beigelegte Wert in Betracht.** Die Größe des wahren Wertes bemißt sich nach dem Nutzen, den der einzelne von dem Gebrauch eines Dinges hat. Er kann erst festgestellt werden, wenn das Gut in die Verfügungsgewalt des einzelnen und von hier in dessen Verbrauch eingegangen ist. Seine Größe und demnach sein Vorhandensein überhaupt, ist nur subjektiv von dem bestimmbar, der das Gut verbraucht. So sagt auch Marx (S. 2): „Der Wert verwirklicht sich im Gebrauche" und v. Böhm-Bawerk (S. 4): „Wert im subjektiven Sinne ist die Bedeutung, die ein Gut für die Wohlfahrtszwecke eines Subjektes hat."

Der beigelegte, volkswirtschaftliche Wert wird an der Arbeitskraft gemessen. Der Mensch kann nur mit seiner Arbeitskraft die Verfügung über die Naturgegenstände erlangen, mag es sich auch nur darum handeln, zum Trunk an die Quelle zu gehen, oder den Apfel zu pflücken und zu essen. Indessen: Die Arbeitskraft vermittelt nur den natürlichen Vorgang, daß aus den tauglichen Sachen Werte werden, (indem sie ihre Bestimmung erfüllen, der Befriedigung eines Bedürfnisses zu dienen.) Während man sich aber in alten Zeiten der Verwendung von Arbeitskraft als Mittels der Verwertung kaum oder gar nicht bewußt war, (man ist sich dessen auch heute oft nicht bewußt, z. B. wenn man blumenpflückend im Walde spazieren geht,) so daß es leicht war, das zu übersehen, ist die notwendige Arbeitskraft heute im Ganzen so groß und der Weg von der Erkenntnis der Tauglichkeit bis zur Verwertung, besonders auch durch die Arbeitsteilung so lang geworden, daß der Unterschied zwischen Tauglichkeit und Wert recht fühlbar geworden ist. Man muß nach wie vor die voraussichtliche Bedeutung einer Sache für den eigenen Bedarf schon abschätzen, ehe man die Sache selbst hat, aber man sieht immer wieder, daß dieser beigelegte Wert sich mit dem wahren Werte nicht deckt. Das Verhältnis kann erst klar werden, wenn man erkennt, daß das ganze volkswirtschaftliche Verfahren mit dem wahren Werte nichts zu tun hat. Es ist nur eine Reihe von Arbeitsleistungen, die bezwecken, die natürliche Tauglichkeit der Dinge zu entfalten, „zuzubereiten", und die Güter dem Verbrauche näher zu bringen; es ist nur ein Zwischenverfahren, das in seiner jetzigen verwickelten Gestalt an der Stelle der früher so einfachen unmittelbaren Arbeitsleistungen steht. **Der wahre Wert beruht auf der Tauglichkeit der Sache im Verbrauche des Einzelnen, der volkswirtschaftliche Wert beruht auf der Arbeitsleistung, die erforderlich ist, die taugliche Sache in den Verbrauch zu bringen**[1].

So ergeben sich für den üblichen Gebrauch des Wortes „Wert" drei Begriffe:

1. Wert als eigentlicher, wahrer Wert, als die wirkliche Bedeutung einer Sache in der Befriedigung eines Bedürfnisses;

2. Wert als Tauglichkeit, als die Summe der natürlichen Eigenschaften einer Sache;

3. Wert als Werturteil, als Urteil über die voraussichtliche Bedeutung der Sache im Verbrauche, gemessen an der Arbeitskraft.

Hiervon scheiden die beiden ersten Wertbegriffe für die Volks-

---

[1] So ist der Apfel in Australien genau derselbe taugliche und gebrauchsfertige Gegenstand, wie in Deutschland, nur ist er hier dem Konsum näher, und die Aussicht, daß er ein wahrer Wert wird, ist hier größer als dort. Statt den Apfel vom Baume zu pflücken, nimmt ihn jetzt der Konsument vom Tische des Kaufmanns. Die an sich so einfache Arbeitsleistung ist überaus verwickelt geworden, aber doch mit dem Erfolge, daß sozusagen nun der deutsche Konsument den Apfel vom australischen Baume abpflückt, indem er alle dazwischen liegenden Arbeitsleistungen durch den Kauf, die Hingabe von Geld als Äquivalent der eigenen Arbeitskraft, zu seinen Arbeitsleistungen macht. Die Tauglichkeit des Apfels hat sich gar nicht geändert, demnach auch nicht die mögliche Größe des wahren Wertes, aber der wirtschaftliche Wert ist gestiegen um den Betrag aller der Arbeitsleistungen, welche an die Stelle des einfachen Abpflückens getreten sind.

wirtschaft aus: der eigentliche Wert in des Wortes ursprünglicher Bedeutung, weil er auf natürlichen Voraussetzungen beruht, erst nach dem Abschlusse des volkswirtschaftlichen Verfahrens im Verbrauche des einzelnen entsteht und nur von diesem selbst beurteilt werden kann; der Wert als Tauglichkeit, weil hier der Ausdruck nur im übertragenen Sinne gemeint sein kann, und besser durch den Ausdruck „Tauglichkeit" selbst oder „Nützlichkeit" ersetzt wird. Er bezeichnet die natürlichen Eigenschaften der Sache, welche die Voraussetzungen des Wertwerdens und der Einleitung des volkswirtschaftlichen Verfahrens sind. Als Wert im Bereiche der Volkswirtschaft bleibt nur der Wert als Werturteil übrig und die ganze Lehre vom Wert beschränkt sich auf die Beurteilung der Voraussetzungen, durch welche das Werturteil bedingt ist: es sind die Tauglichkeit, die Arbeitskraft und das Bedürfnis.

Das Werturteil ist nur ein Hoffnungsurteil (Spekulationsurteil), es drückt nur die Erwartung aus, daß die Sache im Verbrauche den auf Grund der Tauglichkeit, der Arbeitskraft und des Bedürfnisses ermittelten Wert haben werde. Stellt sich das Urteil als falsch heraus, so hat der Urteilende, der Konsument, allein den Schaden zu tragen; für die Volkswirtschaft ist das einerlei, da die Rechtfertigung des Werturteils erst möglich ist, wenn der Konsument die Sache aus dem Produktionsverfahren, dem Güterumlauf, genommen hat. Man kann daher wohl eine Sache als Träger des Werturteils selbst Wert nennen, aber man muß sich bewußt bleiben, daß dieser Wert nichts den Dingen objektiv Anhaftendes, keine Eigenschaft der Dinge, sondern nur beigelegter Wert ist. Hiernach ist der Wert die Bedeutung einer Sache im volkswirtschaftlichen Leben. Diese Begriffsbestimmung scheidet die Bedeutung aus, welche einer Sache vor dem Eintritt in das Produktionsverfahren als taugliche Sache innewohnt, und die Bedeutung, welche sie nach dem Ausscheiden aus dem volkswirtschaftlichen Leben auf Grund ihrer natürlichen Tauglichkeit im privatwirtschaftlichen Verbrauche hat.

§ 2.
Die Grundlagen des Werturteils.
I. Die Tauglichkeit.

Die Tauglichkeit ist die Voraussetzung des beigelegten und die Vorstufe des wahren Wertes; sie ist unbedingt erforderlich dafür, daß eine Sache im Verbrauche irgendein Bedürfnis des Menschen befriedigt. Die Erkenntnis der Tauglichkeiten und deren wissenschaftliche Erforschung ist Aufgabe der Wissenschaften. Marx sagt (S. 1): „Die verschiedenen Seiten und daher die mannigfachen Gebrauchsweisen der Dinge zu entdecken, ist geschichtliche Tat." Die Tauglichkeit als natürliche Eigenschaft der Dinge kann nicht geschaffen werden. Es liegt stets ein Irrtum in der Betrachtung vor, wenn es scheint, als habe der Mensch eine Sache tauglich gemacht, es kann sich dabei nur darum handeln, daß er die Tauglichkeit erkannt und sachgemäß benutzt hat. So ist die Tauglichkeit gewissen Bodens als Ackerland eine natürliche Eigenschaft, die ihm vom Menschen nicht beigelegt werden kann, ebenso die des Düngers zur Verbesserung des Bodens. Beide Tauglichkeiten können verbunden und ausgenutzt werden, sobald sie richtig erkannt sind. Man kann auch die Tauglichkeit gewisser Mineralien als Dünger erkennen, aber man kann nie Dinge, denen die natürliche Tauglichkeit fehlt, tauglich machen; aus Eisen läßt sich weder Ackerland noch Dünger machen. Die Tauglichkeit ist oft schwer zu erkennen, wie z. B. die des Teers zur Farbenbereitung oder die der Sägespäne zur Herstellung von Zucker, aber es handelt sich auch hier nur darum, sie zu erkennen und nutzbar zu machen, nicht darum, sie zu schaffen. Die Steigerung der natürlichen Tauglichkeit ist demnach auch niemals ein Ergebnis der Volkswirtschaft, sondern irgendeiner Wissenschaft. Wenn es gelingt, ein Huhn zu züchten, das besonders viele Eier legt, so ist das nur als Ergebnis der Erkenntnis und zweckmäßigen Verwendung oder Verbindung mehrerer Tauglichkeiten möglich, all das ist eine wissenschaftliche, nicht eine volks=

wirtschaftliche Tat, die freilich für die Volkswirtschaft von großer Bedeutung sein kann.

Die natürliche Tauglichkeit ist vorhanden, ob sie nun erkannt und anerkannt wird oder nicht. So hat das Fleisch seine natürliche Tauglichkeit als Nahrungsmittel, mag auch der Vegetarier sie für sich bestreiten, die Auster hat ihre Tauglichkeit als Genußmittel, mag sie auch an einer dem Menschen unbekannten Stelle im Meere wachsen; die Luft hat ihre Tauglichkeit zur Erhaltung des Lebens, mag sie sich auch hoch über dem Erdboden befinden. Aber alle diese Dinge, alle Naturgegenstände haben keinen Wert, solange sie nicht in die Verfügungsgewalt des Menschen gelangen, sie sind keine Werte, wenn sie nicht im Verbrauche der Befriedigung irgendeines Bedürfnisses dienen. Das, was man ihren Wert nennt, ist nur die Tauglichkeit auf Grund eines Urteils über die natürlichen Eigenschaften, es ist ein Tauglichkeitsurteil außerhalb des Bereichs der Volkswirtschaft. So löst sich die Schwierigkeit, die darin liegt, daß man gewisse Naturgegenstände, wie Luft oder Wasser, bald für wertvoll, bald für wertlos erklärt. Sie sind alle tauglich, vielleicht unentbehrlich zur Befriedigung eines Bedürfnisses, aber sie sind doch im Sinne der Volkswirtschaft wertlos, wenn zu ihrer Verwertung keine merkbare Arbeitskraft gehört.

Edelsteine sind ebenso wertlos wie Luft. Ihr volkswirtschaftlicher Wert richtet sich lediglich nach dem Aufwande von Arbeitskraft, der erforderlich ist, sie dem Verbrauche zuzuführen, sie sind volkswirtschaftlich wertvoll, nicht weil sie selten sind, sondern weil es vieler Arbeitskraft bedarf, sich ihrer zu bemächtigen, weil sie schwer zu beschaffen sind. Jeder kann sich alle Güter der Erde verschaffen, soweit seine Arbeitskraft dazu ausreicht; für den Reichen sind Edelsteine und Leckerbissen nichts Seltenes. Überdies liegt der hohe Wert der Edelsteine schon deshalb nicht in ihrer Schmuckwirkung begründet, weil diese fast — und für den Nichtkenner ganz — ebenso mit unechten Steinen erzielt werden kann. Der Unterschied in der Beurteilung liegt tatsächlich nur darin, daß der Konsument einen ungleich größeren

I. Die Tauglichkeit.

Aufwand an Arbeitskraft braucht, sich den echten Stein zu verschaffen, als den unechten. Gesetzt aber, daß eine Reise nach den Diamantenfeldern mit allen Beschwerden bis zum Finden des gesuchten Steines die gleiche Arbeitsleistung erfordert, wie alle chemischen Versuche und alle Vorarbeiten zur künstlichen Herstellung des Steins, so werden die Werturteile über beide Steine gleich hoch ausfallen, was ja der Wirklichkeit entspricht. Die künstlichen Steine sind anfangs meist noch teurer als die natürlichen, sie werden billiger, je nachdem die zu ihrer Herstellung erforderliche Arbeitsleistung vereinfacht wird.

v. Böhm-Bawerk sagt (S. 13): Die bloße Nützlichkeit sei allen Gütern ohne Ausnahme eigen, die höhere Stufe, der Wert, komme aber nur einem Teil derselben zu. Es müsse sich nämlich zur Nützlichkeit auch Seltenheit gesellen, nicht absolute, sondern relative Seltenheit im Vergleich zum Bedarf nach Gütern derselben Art. „Genauer bestimmt: Güter erlangen dann Wert, wenn der verfügbare Gesamtvorrat an Gütern solcher Art so gering ist, daß er zur Deckung der von ihnen Befriedigung heischenden Bedürfnisse entweder nicht, oder doch nur so knapp ausreicht, daß er ohne die Güterexemplare, um deren Schätzung es sich gerade handelt, schon nicht mehr ausreichen würde." Der Fehler dieser Begriffsbestimmung liegt darin, daß ein „verfügbarer Gesamtvorrat" vorausgesetzt wird, wobei übersehen wird, daß erst die Arbeit den Vorrat verfügbar macht. v. Böhm drückt obigen Satz dann kurz in der Form aus: „Alle wirtschaftlichen Güter haben Wert, alle freien Güter sind wertlos." Hier ist ganz deutlich zu sehen, daß wirtschaftliche Güter nur solche sind, auf welche Arbeit verwendet wurde; es handelt sich hier also um den wirtschaftlichen Wert, oben dagegen wird versucht, den Wert aus der Seltenheit abzuleiten, wobei mehr der Begriff der Tauglichkeit zugrunde liegt. v. Böhm empfindet diesen Unterschied, wenn er Luft und Trinkwasser als freie, also wertlose Güter bezeichnet und hinzufügt, daß sie doch unentbehrlich seien. Sein Versuch, diesen Widerspruch zu lösen, kann nicht als gelungen angesehen werden. (Darüber mehr in § 4).

Marx sagt (S. 7): „Ein Ding kann Gebrauchswert sein, ohne Wert zu sein. Es ist dies der Fall, wenn sein Nutzen für den Menschen nicht durch Arbeit vermittelt ist. So Luft, jungfräulicher Boden usw." Hier ist unter Gebrauchswert die Tauglichkeit zu verstehen und es ist richtig erkannt, daß Dinge nur dann volkswirtschaftliche Werte sind, wenn Arbeit auf sie verwendet wurde. Nur hält auch Marx hier nicht die Tauglichkeit, die in den wahren Wert ausläuft und den wirtschaftlichen Wert, der durch die Summe der auf die Sache verwendeten Arbeitsleistungen bestimmt wird, auseinander. Der wirtschaftliche Wert liegt nicht in den natürlichen Eigenschaften einer Sache, nicht außerhalb der Volkswirtschaft, sondern in der notwendigen Arbeitsleistung, die Dinge der Befriedigung eines Bedürfnisses dienstbar zu machen.

Eine Sache mit Liebhaberwert ist gewöhnlich nicht in dem Sinne selten, daß sie schwer zu beschaffen wäre. Die Uhr des Großvaters würde sich durch manche Uhr gleicher Art und Güte, gleichen Alters und gleicher Beschaffenheit ersetzen lassen. Ihr Wert ist nicht in ihrer Tauglichkeit begründet, auch nicht in der Größe der Arbeitsleistung, sich eine solche zu verschaffen, sondern lediglich in der Person des Urteilenden. Die Schätzung erfolgt also ausschließlich auf Grund des persönlichen Bedürfnisses, und der volkswirtschaftliche Wert ist hier ebenso unberechenbar, wie der einer Sache, für die kein Bedürfnis besteht. Oft treffen Seltenheit und Liebhaberwert zusammen, wie bei Gemälden alter Meister oder bei alten Briefmarken: überall ist in solchen Fällen eine volkswirtschaftliche Wertschätzung, ein zutreffendes Werturteil ausgeschlossen[1]. Da sich hier der Wert lediglich nach dem

---

[1] Hier könnte noch der Besitzwert eingeführt werden. Es wäre darunter der Wert der freien Verfügung über eine Sache zu verstehen in den Zeiten oder unter solchen Umständen, wo sie nicht als Gebrauchswert dient: so der Schlittschuhe im Sommer, der Lampe am Tage, des Fremdenzimmers usw. Der Liebhaberwert ist in den meisten Fällen auf bloßen Besitzwert zurückzuführen, z. B. bei fast allen Sammlungen. So besteht der Wert alter Briefmarken doch lediglich darin, daß eben der Sammler, nicht ein anderer sie hat.

Bedürfnis des Urteilenden bestimmt, kann er völlig verschwinden, wenn das Bedürfnis wechselt. Man denke an die Tulpenzucht in Holland oder an die Moden. Hier seien noch die Fälle erwähnt, wo die Tauglichkeit zwar erkannt wird, die Arbeitskraft aber nicht geeignet ist, das Bedürfnis nach der tauglichen Sache zu befriedigen; allgemein in solchen Fällen, wo ein Fachwissen oder Fachkönnen zur Befriedigung des Bedürfnisses gehört. Diese Fälle sind im Zeitalter der Arbeitsteilung überaus häufig. Hier ist die Befriedigung nur auf einem Umwege zu erreichen, durch Vermittlung des Tausches oder des Geldes.

Der Fuchs kennt die Tauglichkeit der Trauben, sie hängen ihm aber zu hoch, so daß er seiner Natur nach nicht imstande ist, seine Arbeitskraft zur Befriedigung seines Bedürfnisses nach den Trauben zu verwenden. Er bittet den Raben, ihm die Trauben abzubeißen und herunterfallen zu lassen, und erbietet sich, ihm dafür einen Junghasen zu fangen. Die von dem Raben verlangte Leistung ist für diesen gering, jedenfalls geringer als die, sich selbst einen Hasen zu fangen, indessen wird der Rabe schwerlich auf das Angebot eingehen, sondern sich die Unfähigkeit des Fuchses zunutze machen und etwa vier Junghasen verlangen. Nun richtet sich der Ausgang des Handels nur nach der Größe des Bedürfnisses beim Fuchs; beide werden nicht einig, und der Fuchs erklärt, die Trauben seien sauer. Er gibt nicht ein Werturteil ab, sondern ein Tauglichkeitsurteil und verhüllt damit das Zugeständnis der eigenen Leistungsunfähigkeit. Er kann seine Arbeitskraft nicht auf die Befriedigung des Bedürfnisses verwenden (auf dem Umwege über den Junghasen wäre dies möglich gewesen), aber er will nicht eingestehen, daß er nur wegen seiner persönlichen Unzulänglichkeit, sich den erstrebten Genuß nicht verschaffen kann und verschiebt den Gesichtspunkt der Betrachtung, sei es um den Raben, sei es, um sich selbst zu täuschen. Die Trauben sind tauglich, aber sie müssen für ihn wertlos sein, gerade als ob sie sauer, also untauglich wären. —

Das Geld ist eine Sache von besonderer Tauglichkeit. Wegen seiner bekannten Eigenschaften kann es Äquivalent sowohl für

Arbeitskraft als für Bedarf sein. Da Arbeitskraft stets ausgegeben wird, um Bedarf zu decken, wird das Geld stets ausgegeben als Äquivalent für Arbeitskraft, stets eingenommen als Äquivalent für Bedarf. Wer etwas kauft, also Geld dafür ausgibt, gibt seine Arbeitskraft aus in dem Sinne, als ob er sie unmittelbar auf die Herstellung der Sache verwendete: er ist selbst als Produzent des gekauften Gutes anzusehen.

Hier ist noch darauf hinzuweisen, daß die natürliche Tauglichkeit verschieden groß sein kann, so daß mit der gleichen Arbeitsleistung ein verschieden großer Erfolg, je nach der Tauglichkeit, erzielt werden kann. So macht es dem Jäger dieselbe Mühe, ein Reh oder einen Hasen zu jagen, der Nutzerfolg ist aber beim Reh viel größer als beim Hasen. Es ist eine wichtige Aufgabe, die natürliche Tauglichkeit der Dinge zu steigern, weil dadurch das Verhältnis zwischen Tauglichkeit und Arbeitskraft zugunsten der ersteren beeinflußt wird, es ist aber zu beachten, daß diese Steigerung nur ein Ergebnis besserer Ausnutzung der natürlichen Voraussetzungen ist. So ist ein gezüchtetes Schwein tauglicher als Nahrungsmittel als das ungezüchtete, es ist aber nicht ein tauglich gemachtes ungezüchtetes Schwein sondern ein anderes Schwein, dessen größere Tauglichkeit auf besserer Erkenntnis seiner Daseinsbedingungen beruht. Freilich gehört Arbeitskraft dazu, diesen Erfolg herbeizuführen, aber doch tritt das Schwein in das Produktionsverfahren nicht nur als Ware, auf die Arbeit verwendet wurde, — deren ja auch das ungezüchtete Schwein bedarf, sondern als ein natürlicher Gegenstand mit größerer Tauglichkeit, als sie sonst bei derartigen Gegenständen zu finden ist. Es wird sozusagen als anders qualifiziertes Rohmaterial geboren[1].

§ 3.
II. Die Arbeitskraft.

Die Arbeitskraft ist eine natürliche Gabe des Menschen und gerade so zu beurteilen wie die Naturgegenstände und Natur-

---

[1] Hierin ist vielleicht der wichtigste Unterschied zwischen Landwirtschaft und Industrie begründet; beide können keine wahren Werte

II. Die Arbeitskraft.

kräfte, sie ist also wertlos aber tauglich. Während aber die Naturgegenstände und Naturkräfte allen zur Verfügung stehen, die sich ihrer zu bemächtigen wissen, ist die Arbeitskraft an den einzelnen Menschen gebunden. Sie ist das unentbehrliche Hilfsmittel zur Erreichung aller menschlichen Zwecke, insbesondere zur Verwertung der Natur.

Man hat geistige und körperliche Arbeitskraft zu unterscheiden. Allerdings ist keine körperliche Arbeitsleistung ohne Mitwirkung geistiger Arbeitskraft denkbar, es ist auch nicht möglich, im Einzelfalle den Anteil der geistigen Arbeit von dem der körperlichen genau zu trennen. Trotzdem sind beide so wesensverschieden, daß man die geistige Arbeitsleistung nicht unmittelbar auf körperliche zurückführen und etwa als ein Mehrfaches körperlicher Arbeitsleistungen darstellen oder behandeln kann. Daher sind auch die Leistungen beider grundsätzlich verschieden. Gewisse Leistungen geistiger Arbeitskraft sind schon oben als ästhetische, künstlerische und ähnliche Leistungen aus der Betrachtung ausgeschieden, weil sie keine unmittelbar volkswirtschaftlichen Leistungen sind; auf die volkswirtschaftliche Bedeutung der geistigen Arbeitskraft ist sogleich einzugehen.

Die körperliche Arbeitskraft kann nur auf Gegenstände gerichtet werden, und sie verschwindet in der Verbindung mit ihnen so, daß auch für sie erst im Konsum der Güter festgestellt werden kann, ob sie ein Wert geworden ist oder nicht. Sie hat also keine selbständige, sondern nur eine abhängige Tauglichkeit, sie ist in allen Fällen verloren, also wertlos geblieben, in welchen das Gut, mit dem sie verbunden ist, nicht in den Konsum eingeht; natürlich auch in den Fällen, wo sie überhaupt nicht auf eine Sache verwendet wird. Ihre Wirkung besteht lediglich in der Nutzbarmachung der Tauglichkeit von Gegenständen, sei es durch Veränderungen an den Sachen selbst, sei es durch Veränderungen ihres Ortes; ihr Ziel ist immer, die Güter dem Verbrauche näher zu bringen.

---

schaffen, aber die erstere erzeugt neue Tauglichkeiten, die letztere macht aus ihnen durch die Bearbeitung wirtschaftliche Werte.

Die Arbeitskraft reicht aus, um die Bedürfnisse ihres Inhabers zu decken, ein Satz, der, in der Geldform ausgedrückt, allgemein als richtig anerkannt ist: die Ausgaben dürfen die Einnahmen nicht überschreiten [1]. Die Fälle, in welchen das Gleichgewichtsverhältnis offen zutage liegt, bedürfen keiner näheren Betrachtung; von ihnen abgesehen kann die Arbeitskraft größer oder kleiner sein, als die Summe der Bedürfnisse es erfordern würde. Ist sie größer, so verschwindet der nicht verbrauchte Teil aus natürlichen Gründen, ohne eine Spur zu hinterlassen, gerade wie die nicht ausgenutzte Kraft eines Wasserfalles. Wer seine Arbeitskraft an einem Tage nicht anwendet, ist nicht am nächsten Tage doppelt so stark, höchstens hat er durch die Ruhe eine frühere Einbuße wieder ersetzt. Mag nun der Starke seine Bedürfnisse nach Maßgabe seiner großen Arbeitskraft vermehren, mag er letztere ungenützt vergehen lassen, immer stellt sich das Gleichgewichtsverhältnis her. Ist dagegen die Arbeitskraft gering, so muß der Mensch seine Bedürfnisse einschränken, bis das Gleichgewicht erreicht ist. Allerdings gibt es hier eine untere Grenze, die nicht dauernd überschritten werden kann: wer seine Bedürfnisse unter das Existenzminimum einschränken müßte, geht zugrunde, mit ihm verschwinden Arbeitskraft und Bedürfnisse überhaupt. Es ist das ein ganz natürlicher Vorgang: überall unterstützt die Natur schwierige Verhältnisse, — und hilft auch dem Menschen über vorübergehende Beeinträchtigungen seiner Arbeitskraft hinweg —, aber sie stützt nicht künstlich die unhaltbaren Verhältnisse. Über die Möglichkeit und Berechtigung philanthropischer Bestrebungen ist hier nicht zu reden.

Die Größe der körperlichen wie die der geistigen Arbeitskraft ist bei allen Menschen verschieden. Mögen, was die körperliche

---

[1] Obwohl das Geld als Äquivalent für Arbeitskraft ausgegeben wird, ist hier unter „Ausgabe" die Ausgabe von Geld als Äquivalent für Bedarf zu verstehen. Der Satz besagt, daß die Bedürfnisse die Arbeitskraft nicht übersteigen dürfen. Daß hier die Bedürfnisse, nicht die Arbeitskraft als Maßstab aufgestellt werden, erklärt sich aus den Ausführungen S. 47.

II. Die Arbeitskraft.

Arbeitskraft anlangt, die Unterschiede heute für ganze Gruppen von Menschen gleicher Lebenslage auch nicht sehr erheblich sein, so sind sie doch vorhanden und für den einzelnen wichtig. Man kann zwar eine allgemein gesellschaftlich durchschnittliche Arbeitskraft berechnen und von ihr aus zu einer gleichen Bewertung aller auf die gleiche Zeit umgerechneten Arbeitsleistungen kommen, man erhält gewiß auf diese Art die Durchschnittsarbeitsleistung. Aber man kann auch die Durchschnittsgröße eines Menschen feststellen, ohne daß das für den einzelnen von irgendwelcher Bedeutung wäre: ihm sind die Durchschnittsanzüge zu groß oder zu klein, die Durchschnittsstiefel zu weit oder zu eng, kurz, der Durchschnitt paßt gerade für den einzelnen nicht. Dagegen kann jeder die jeweilige Größe seiner eigenen Arbeitskraft kennen und ihren Durchschnitt berechnen; mag sie in der Jugend anders sein als im Alter, bei Kälte anders als bei Hitze, am Morgen anders als am Abend, immer kann er den Ausgleich in sich selbst finden oder herstellen, etwaige Minderleistungen durch zeitweilige Mehrleistungen ausgleichen. So kann z. B. ein vorübergehender Mangel der Arbeitskraft durch größere Leistungsdichtigkeit (Intensität) oder durch die Länge der Arbeitszeit ausgeglichen werden. Auf diese Art gewinnt der einzelne in der Arbeitskraft einen Maßstab, an welchem er die Größe seiner Bedürfnisse messen kann. Wer also beispielsweise seinen täglichen Bedarf in Höhe von 4 ℳ bei zehnstündiger Arbeitsleistung gerade decken kann, für den hat eben die Arbeitskraft die Bedeutung von 4 ℳ, die Arbeitsstunde die von 0,40 ℳ, und jede Arbeitsleistung die Bedeutung, welche ihrer Zeitdauer entspricht, und er kann jeden Gegenstand daraufhin prüfen, wieviel Arbeitskraft und Zeit er selbst brauchen würde, um ihn in gleicher Art und Güte sich selbst herzustellen oder anderweit zu verschaffen. Wer aber obigen Bedarf schon in achtstündiger Arbeitszeit decken kann, für den hat die Arbeitsstunde eine Bedeutung von 0,50 ℳ, er arbeitet intensiver, wie man es nennt. Diese Feststellungen aber gelten nur für den einzelnen und seine eigene Arbeitskraft und es ist sehr die Frage, ob der Durchschnitt vieler Arbeitskräfte für den einzelnen günstig oder nicht günstig ist. Freilich wird vielfach nach dem Durchschnitt vergütet, der sich aus Angebot und Nachfrage ergibt, dann haben aber die Arbeiter den Vorzug, die unter dem Durchschnitt bleiben, und die stärkeren Arbeitskräfte kommen zu kurz. Die Folgen für die Bedürfnisgröße sind unten zu erörtern.

Einzeln betrachtet sind die für die Berechnung der Größe einer Arbeitskraft zu berücksichtigenden Verhältnisse natürlich niemals so einfach; neben der Arbeitsdauer und Leistungsdichtigkeit kommt oft die Mitwirkung besonderer Umstände in Betracht, wie der Geschicklichkeit und geistiger Fähigkeiten. Nur der Inhaber der Arbeitskraft vermag das richtig zu übersehen. Je mehr die Bedingungen auf der Bedarfsseite gleich sind, desto mehr machen sich die Unterschiede auf seiten der Arbeitskraft geltend; je mehr letztere gleich sind, desto mehr müssen sich jene ausgleichen. Bei durch Lohngleichheit zusammengefaßter Arbeit müssen die Bedarfsverhältnisse aller Arbeiter ziemlich gleich sein, sind die Bedürfnisse verschieden, so wirkt die Lohngleichheit zuungunsten der Arbeiter mit mehr Bedürfnissen. Andrerseits wird sich ein Arbeiter durch die Kenntnis der durchschnittlichen Arbeitskraft nicht abhalten lassen, seine größere Arbeitskraft mehr auszunutzen, wenn es ihm wünschenswert erscheint. So ergeben sich zahlreiche Verschiedenheiten und Abstufungen, die für den einzelnen von größter Wichtigkeit sind; sie sind es auch für die Volkswirtschaft, da das Werturteil eben vom einzelnen auf Grund **seiner Arbeitskraft und seiner Bedürfnisse** abgegeben wird und von hier aus in die Allgemeinheit wirkt. Von besonderer Bedeutung ist der Einfluß, den die Maschine auf die Bewertung der Arbeitskraft gewonnen hat.

Es ist oben gesagt worden, daß körperliche Arbeitskraft nicht ohne Mitwirkung geistiger Arbeitskraft denkbar ist. Die geistige Arbeitskraft betätigt sich in zwei Richtungen, einmal als unmittelbare Lenkerin der körperlichen Arbeitskraft, dann aber auch in der Vereinfachung der Arbeitsleistungen. Diese Vereinfachungen sind wiederum zweifach, entweder durch zweckmäßige Ausnutzung

II. Die Arbeitskraft.

der körperlichen Arbeitskraft infolge der Erkenntnis besonderer Verhältnisse (z. B. leichtere Bearbeitung des Bodens nach Düngung), oder durch Erfindung von Hilfsmitteln zur Unterstützung oder Ersetzung der Arbeitskraft. Diese Hilfsmittel sind die Maschinen im weitesten Sinne.

Allen Maschinen ist eigentümlich, daß sie körperliche Arbeitskraft sparen und zugleich die Leistungen steigern. Sie können nichts anderes sein als Gegenstände mit einer gewissen Tauglichkeit, sie können nichts anderes leisten, als die Arbeitskraft selbst. Wenn diese das unentbehrliche Mittel zur Befriedigung menschlicher Bedürfnisse ist, so ist die Maschine nicht mehr als ein solches Mittel, aber sie ist nach zwei Richtungen besonders geeigenschaftet, indem sie nicht nur leistungsfähiger ist als die Arbeitskraft des Menschen, sondern auch unabhängig von den natürlichen Bedingungen, unter denen die Arbeitskraft wirkt. Während also die körperliche Arbeitsleistung nur Einfluß auf die Tauglichkeit einer Sache hat, deren natürliche Eigenschaften verändert oder verbessert werden, nimmt die Maschine auch noch Einfluß auf die Beurteilung der Arbeitsleistung selbst und zwar stets in dem Sinne, daß sie deren Bedeutung herabsetzt. Der Produzent braucht bei Verwendung einer Maschine weniger Zeit und weniger persönliche Arbeitskraft zur Erreichung desselben Erfolges als ohnedem, das hierdurch begünstigte Bedürfnis verliert dementsprechend an Bedeutung, es ist nun billiger zu befriedigen. Damit sinkt auch die Bedeutung der an der Zeit gemessenen Arbeitsleistung. Diesem allgemeinen Sinken, der scheinbaren Entwertung der Arbeitskraft steht aber der große Gewinn nicht verbrauchter Arbeitskraft gegenüber, und die Möglichkeit, die Bedürfnisse zu steigern.

Die Maschinen werden eingeteilt in solche, die menschliche Arbeit ersetzen, indem sie selbständig arbeiten, die eigentlichen Maschinen, und solche, die die Arbeitskraft nur unterstützen, die Geräte. Der Ausdruck Geräte umfaßt zwar alle Gegenstände, die dem Gebrauche dienen, und es ist ein offenbarer Unterschied, ob sie der Unterstützung der Arbeitskraft oder sonstigen Zwecken dienen, wie z. B. der Unterschied zwischen einem Bett und einem Hammer oder Netz auf der Hand liegt; indessen ist der Unterschied nicht bei allen Geräten genau zu erkennen, wie denn z. B. der Tisch in beiden Beziehungen wichtig sein kann. Es genügt, hierauf hinzuweisen: unter Geräten sind hier nur Arbeitsgeräte, Werkzeuge, zu verstehen. Auch der Unterschied zwischen Geräten und eigentlichen Maschinen ist flüssig; eine Wanduhr und ein Klavier sind ihrer Zusammensetzung nach gewiß Maschinen, ihrem Zwecke nach Geräte. Im folgenden sind nur Arbeitsmaschinen gemeint.

Die Werkzeuge sind also Gegenstände, die mittels geistiger Arbeitskraft zur Unterstützung körperlicher Arbeitskraft tauglich gemacht worden sind. Viele davon sind in sehr früher Zeit erfunden, und ihr Gebrauch ist in dem Maße Allgemeingut geworden, daß der in ihnen steckende Anteil geistiger Arbeitskraft kaum noch zum Bewußtsein derer kommt, die sie (den Pflug, den Hammer usw.) gebrauchen: die Benutzung eines Werkzeuges bedeutet Arbeitsersparnis für die Person des Benutzenden. Solange solche Werkzeuge nur im Besitze weniger sind, gewähren sie diesen eine Ausnahmestellung, die also zunächst dem Erfinder zuteil wird. Sie gestatten, das Verhältnis zwischen einem Bedürfnisse und der zu seiner Befriedigung erforderlichen Arbeitsleistung günstig zu gestalten; vielfach gestatten sie auch eine sorgfältigere Ausführung der Arbeit. Sie tragen also dazu bei, die natürlichen Unterschiede in der Größe der Arbeitskraft teils noch zu vergrößern, teils sie auszugleichen; sie erhöhen hierdurch den allgemeinen Ertrag der Arbeitskraft und ermöglichen so die Ausdehnung der Bedürfnisse. Insofern sie Allgemeingut sind, haben sie also eine allgemeine Erhöhung der Lebenshaltung zur Folge, die freilich als etwas Selbstverständliches hingenommen und in ihrem Grunde nicht mehr richtig gewürdigt wird.

Die Maschine im eigentlichen Sinne dient dazu, Arbeitskraft zu ersetzen, nicht nur körperliche, sondern auch geistige (man denke an die Mähmaschinen mit Vorrichtung zum Selbstbinden der Garben), sie erzielt eine große Gleichmäßigkeit der Leistungen.

II. Die Arbeitskraft.

Sie ist in vielen Beziehungen ähnlichen Bedingungen unterworfen, wie die Arbeitskraft des Menschen, oder der Mensch als Arbeitskraft. Man könnte sie, entsprechend der Bezeichnung „juristische Persönlichkeit", eine „Arbeitspersönlichkeit" nennen. Sie kann freilich nicht ohne menschliche Hilfe im Betrieb bleiben, aber ihre Wirkungsbedingungen sind sonst denen des Menschen entsprechend. Sie hat eine begrenzte, aber gleichmäßige Leistungsdichtigkeit, eine begrenzte Lebensdauer, sie bedarf der Nahrung und Behausung, sie hat sogar, sozusagen, gewisse höhere Bedürfnisse, etwa nach Reinlichkeit oder gefälligem Aussehen. Was sie leistet, ist ebenfalls nur Bearbeitung von Naturgegenständen.

Die Fähigkeiten und Bedürfnisse der Maschinen stehen aber zueinander in einem ganz anderen Verhältnisse als beim Menschen. Die Maschine kann weit über die menschliche Leistungsfähigkeit hinaus arbeiten, und ihr Nutzen ist doppelt, indem sie nicht nur bei der Herstellung jedes einzelnen Stückes Arbeitskraft spart, sondern auch diese ersparte Arbeitskraft zur Mehrherstellung gleicher Stücke verwendet. So stellt sich das Verhältnis zwischen Tauglichkeit und Arbeitskraft für die von ihr hergestellten Waren außerordentlich günstig, der volkswirtschaftliche Wert ihrer Erzeugnisse ist wesentlich niedriger als der mit menschlicher Arbeitskraft hergestellten, während der wahre Wert derselbe bleibt.

Der Nutzen der Maschine gebührt dem, der sie hergestellt hat. Hier ist zu unterscheiden zwischen dem, der sie ausgedacht und gebaut hat und dem, der die auf die einzelne Maschine verwendete Arbeitsleistung durch Kauf zu seiner eigenen Arbeitsleistung gemacht hat. Der Erfinder kann die Erstattung seiner Arbeitsleistung, besonders der geistigen, nur von dem erreichen, der sich die Vorzüge der Maschine zunutze macht, indem er von diesem, dem Käufer, einen Preiszuschlag verlangt, der über die Kosten der technischen Herstellung zu zahlen ist. Der Käufer dagegen erwirbt die Maschine zum eigenen Gebrauch, und indem er die Arbeitsleistung des Verkäufers vergütet, erscheint er hinsichtlich dieser Maschine als Produzent zum Selbstkonsum. Er übernimmt die Fähigkeiten, aber auch das Risiko der Maschine, ihre Arbeitsleistung ist seine Arbeitsleistung und es ist ganz seine Sache, ob und wie er sie verwenden will. Der Käufer einer Maschine steht im Grunde ebenso da, wie etwa der erste Netzstricker, dem es mit dem Netze gelang, seinen Bedarf an Fischen in wesentlich kürzerer Zeit zu decken, als seine Nachbarn. Das gleiche läßt sich von allen Werkzeugen sagen, und es ist nicht möglich, die Arbeitsleistung eines Werkzeuges oder einer Maschine von der ihres Eigentümers zu trennen. Kein sogenanntes Produktivmittel ist etwas anderes als menschliche Arbeitskraft, mag sie auch auf eine Maschine übertragen sein.

In engster Beziehung zur Arbeitskraft steht ferner das Kapital. Auch das Kapital ist kein Wert, ebensowenig wie die Arbeitskraft; es ist etwas Unpersönliches und in diesem Sinne auch Unsachliches, es hat weder zur Tauglichkeit von Naturgegenständen, noch zum Konsum irgendwelche unmittelbare Beziehungen, und doch sind seine volkswirtschaftlichen Wirkungen ganz unverkennbar.

Um die Kapitalbildung zu erklären, sei zunächst daran erinnert, daß die Arbeitskraft dazu dient, Naturgegenstände zu dem gewünschten oder notwendigen Maße von Tauglichkeit herzurichten, und daß sie nicht anders erkennbar und verwertbar ist, als wenn sie in solchen Gegenständen aufgeht. Die Verwertung der Arbeitskraft ist also durchaus auf die Verbindung mit Naturgegenständen beschränkt, ihr „Wert" kann nur in dem Konsum irgendwelcher Güter erscheinen. Sie ist eine Naturkraft von abhängiger Tauglichkeit, objektive Arbeitskraft kann es nicht geben. Nun dient aber das Geld gleicherweise als Äquivalent für Arbeitskraft und für Bedarf, so daß es zwar auch nicht selbst Wert ist, auch kein Wert werden kann (als Geld, nicht als Metall angesehen), daß es aber doch geeignet ist, die Arbeitskraft zu messen und objektiv auszudrücken, sie zu vertreten. Wenn nun kein Gegenstand an sich Wert, sondern nur tauglich ist, so ist auch die Summe vieler Gegenstände niemals Wert, sondern nur tauglich, im Konsum Wert zu werden. Auch hier kann der Wert nie Kapital

II. Die Arbeitskraft.

sein, weil er erst im Verbrauche verwirklicht wird, die Eigenschaft des Kapitals aber gerade die ist, nicht in den Konsum einzugehen. So ist ein Gut ebensowenig Kapital wie die Arbeitskraft: jenes nicht, weil das Kapital zwar ein Objekt, aber kein zum Konsum taugliches Objekt ist, diese nicht, weil sie von Natur kein Objekt sein kann. Das Gut muß konsumiert werden, wenn es einen Wert bekommen soll, das Kapital verliert seine Eigenschaft als Kapital, wenn es konsumiert wird.

Das Kapital wird nun dadurch gebildet, daß der Produzent seine Arbeitskraft ausnützt, aber seinen Bedarf nicht in der hiernach möglichen Weise ausdehnt. Er nimmt für die hergestellten Güter Geld ein — als Äquivalent für Bedarf, gibt es aber nicht aus, sondern behandelt es als Äquivalent für Arbeitskraft. So ist trotz Marx die Kapitalbildung eine Sache der Ersparung. Wenn z. B. der Bauer Geld einnimmt, ebenfalls als Äquivalent für Bedarf, und es im Strumpfe aufbewahrt, so behält er es als solches in der Absicht, es für Bedarf auszugeben; dieses Geld ist kein Kapital, sondern ein Schatz. Wenn er aber dieses Geld auf die Sparkasse trägt, behandelt er es als Äquivalent für Arbeitskraft. So wird die Arbeitskraft objektiviert, und aus ihrem Zusammenhange mit dem Menschen, aus aller natürlichen Abhängigkeit gelöst. Es gehört also dem, dessen Arbeitskraft es darstellt. Es bleibt nur solange Kapital, als es tätig ist, aber es vergeht nicht bei Untätigkeit, wie die lebendige Arbeitskraft; für ein Warenlager ist der Begriff nicht anwendbar. Freilich wird auch ein großer Geldbetrag Kapital genannt, er ist es aber nicht eigentlich, wenn er als Äquivalent für Bedarf verwendet wird.

Das Kapital findet die Möglichkeit seiner Tätigkeit nur in Verbindung mit Naturgegenständen, besonders mit Grundbesitz und Maschinen; auch das Geldkapital beruht für seinen Ertrag auf irgendwelchen wirtschaftlichen Unternehmungen. Seine Bedeutung liegt darin, daß es wegen seiner immer bereiten großen Leistungsfähigkeit zu Arbeiten gebraucht wird, die die Kräfte des Einzelnen übersteigen. Der Kapitalist ist sozusagen körperlicher

Mitarbeiter an dem Werk, welchem sein Kapital dient; dafür, daß er seine Arbeitskraft hingibt, erhält er eine Vergütung, den Zins. Dieser bemißt sich nach der Differenz zwischen der aufgewendeten Arbeitskraft und dem Genusse, den der Kapitalist gehabt hätte, wenn er die Arbeitskraft für sich verwendet hätte[1]. Hiernach müßte der Zins individuell verschieden sein. Daß er es von der Seite der Arbeitsunternehmen ist, bedarf keines Nachweises, sie rentieren sich verschieden; daß er nicht dem einzelnen Kapitalisten gegenüber individuell bestimmt wird, liegt daran, daß durch Angebot und Nachfrage eine große Gleichmäßigkeit erzielt wird. Natürlich hängt die Höhe des Zinses auch noch von besonderen Umständen ab, wie z. B. dem Risiko der Kapitalsanlage.

Daß das Kapital kein Wert ist, sieht man deutlich an den Kursschwankungen. Diese wären nicht möglich, wenn der Wert eine objektive Tatsache wäre, sie sind aber leicht erklärlich, wenn man berücksichtigt, daß es sich lediglich um Urteile über die Tauglichkeit, nur darum handelt, ob nach der jeweiligen politischen oder wirtschaftlichen Lage die Verwertung irgend welcher Naturgegenstände mehr oder weniger aussichtsvoll erscheint. Sobald die Spekulation versagt, verschwinden mit einem Male die angeblichen Werte in den Kursstürzen.

So sind Maschinen und Kapital nur Erscheinungsformen der Arbeitskraft, wie diese ohne selbständige Bedeutung, aber von ihr verschieden durch die Leistungsfähigkeit und die Verwendungsfreiheit, beide erheben die menschliche Arbeitskraft über das ihr von Natur gegebene Maß, aber beide sind auch selbst Erzeugnisse körperlicher oder geistiger Arbeitskraft. Ihre Kräfte dienen dem, der sie ersonnen oder erspart hat, und dem, der sich diese Errungenschaften aneignen konnte. Beide geben ihrem Inhaber ein Übergewicht über den Minderbegünstigten, gerade wie die große natürliche Arbeitskraft ein solches Übergewicht gewährt. Allerdings sind beide oft in Hände gekommen, wo man

---

[1] Es kommt das auf den Unterschied zwischen Sachwert und Bedürfnisbefriedigungswert hinaus; vgl. hierzu § 5, IV (S. 34).

II. Die Arbeitskraft.

die Rechtmäßigkeit des Erwerbs nicht mehr nachprüfen kann, indessen beruht die Mehrzahl solcher Fälle auf dem Erbrecht, welches doch nicht volkswirtschaftlicher Natur ist, sie müssen ebenso hingenommen werden wie die von Natur gegebenen Verschiedenheiten, und für die volkswirtschaftliche Leistungsfähigkeit einer Maschine oder eines Kapitals ist es ganz einerlei, in wessen Händen sie sich befinden.

Da Kapital und Maschinen die Arbeitskraft ihres Besitzers erhöhen und durchaus nicht anders zu beurteilen sind als die Arbeitskraft, so verschieben sie das gewöhnliche Verhältnis, welches sonst zwischen dem Menschen, seiner Arbeitskraft und seinen Bedürfnissen besteht. Sie gestatten, die Bedürfnisse wesentlich zu steigern, ohne daß das Gleichgewichtsverhältnis zwischen Arbeitskraft und Bedürfnissen gestört zu werden brauchte. Immerhin gelangt der Eigentümer von ihnen eher an die obere Grenze seiner Bedürfnisse, als an die der Leistungsfähigkeit seiner Maschine oder seines Kapitals, wodurch es ihm erleichtert wird, zu sparen und weiter Kapital zu bilden. Immer ist aber festzuhalten, daß es zu falschen Ergebnissen führen muß, wenn man das Kapital als etwas an sich schon Vorhandenes oder als Produktivmittel der Arbeitskraft entgegenstellt. Hierin dürfte einer der Fehler der nationalökonomischen Lehren liegen. Natürlich kann dies zur Erklärung gewisser wirtschaftlicher Verhältnisse dienen, aber niemals auf die Erklärung seines Wesens führen. Es handelt sich darum, die Entstehung des Kapitals aufzuklären, nicht seine heutigen Wirkungen. Es ist, mag es eigentliches Kapital oder Maschine sein, aus der Arbeitskraft hervorgegangen und ist im Folgenden nicht anders zu berücksichtigen als die Arbeitskraft selbst.

Noch ist des Monopols zu gedenken. Es ist ein Zwangsrecht seines Inhabers des Inhalts, daß, wer immer ein Bedürfnis mit dem unter dem Monopol stehenden Gute befriedigen will, bei seiner Schätzung des wirtschaftlichen Wertes dieses Gutes an die Schätzung des Monopolbesitzers gebunden ist. Das Monopol ist entweder gesetzlich oder tatsächlich. Das gesetzliche

Monopol, wie es heute z. B. auf Grund von Patenten besteht, früher auf Grund der Innungszugehörigkeit ausgeübt wurde, erklärt den Anspruch des Monopolinhabers für gerechtfertigt aus Gründen, die nicht innerhalb der Volkswirtschaft liegen, aber auf sie zurückwirken, ebenso, wie z. B. das Erbrecht außerhalb der Volkswirtschaft liegt und doch für sie von großer Bedeutung ist. Das heutige gesetzliche Monopol, das Patent, erkennt den Anspruch seines Inhabers mit Rücksicht auf die in der Erfindung des geschützten Gegenstandes liegende geistige Arbeitskraft an. Es verbietet anderen, deren Früchte zu pflücken, als wären es Ergebnisse der eigenen Arbeitsleistung. Es sagt aber nichts darüber, wie hoch nun der Erfinder seine geistige Arbeitsleistung zu schätzen hätte, und dieser wird natürlich aus ihr den möglichst großen Nutzen ziehen.

Das tatsächliche Monopol reicht in seiner Entstehung meist weit in die Vergangenheit zurück, aber dort wird man stets finden, daß es seinen Ursprung in irgend einem Vorzuge seines damaligen Inhabers hat. Nimmt man nämlich an, daß von Natur die Menschen gleichberechtigt nebeneinander stehen, so erklärt sich der erste Unterschied unter ihnen durch das Überwiegen sei es der körperlichen Arbeitskraft, der Stärke, durch die der Stärkere den Schwächeren überwand und fernerhin zwingen konnte, sei es der, der größeren geistigen Arbeitskraft oder Autorität, durch die der Klügere dem Dümmeren überlegen war. So ergibt sich die erste Unterordnung als begründet in natürlichen Unterschieden. Dasselbe gilt für ganze Völker, wenn das geistig höherstehende oder das körperlich tüchtigere seinen schwächeren Gegner unterwarf.

Wie das auch im einzelnen gewesen sein mag: der Vorzug des einen gründete sich auf natürliche Eigenschaften, wurde durch die damit verbundene oder sich hieraus ergebende Macht gefestigt und im Erbrecht nach Möglichkeit festgehalten. So erklären sich ganz ungezwungen die politischen und wirtschaftlichen Verhältnisse des Mittelalters, so alle Ansammlungen von Geld oder Grundbesitz in der Neuzeit; so also insbesondere das an=

gebliche Monopol auf Grund und Boden und die Bildung großer Vermögen.

Natürlich waren es nicht stets Vorzüge, auf welchen solche Unterschiede beruhten. In den Zeiten, wo die Gewalt herrschte, genügte sie, um den Einzelnen aus der Menge herauszuheben, und zu allen Zeiten haben Glücksumstände oder Verbrechen dazu beigetragen, solche Unterschiede zu schaffen oder zu vergrößern. Freilich darf man trotzdem nicht jeden einzelnen Fall der Ungleichheit auf Unrecht oder Ausbeutung oder sonst etwas Tadelnswertes zurückführen wollen. Es kommt hinzu, daß nicht nur der Erwerb, sondern auch das Erhalten einer Vorzugsstellung besondere körperliche oder geistige Anstrengungen voraussetzt, daß vor allem der mühelose Erwerb durch Erbgang durchaus nicht den Bestand des Vorzugs gewährleistet, daß aber, solange die Menschen nicht in ihrer körperlichen und geistigen Leistungsfähigkeit ganz gleich sind, solche Unterschiede nicht zu vermeiden sein werden. Etwas anders sind die Monopole zu beurteilen, welche die schrankenlose Ausbeutung von Naturschätzen oder Naturkräften gestatten.

Hier kommt es nur darauf an, zu betonen, daß auch in den Monopolen das den volkswirtschaftlichen Wert bildende nur die Arbeitskraft ist, und daß sie ebensowenig wie das Kapital oder die Maschine als sogenannte Produktivmittel eine besondere Stellung gegenüber der Arbeitskraft selbst einnehmen können.

§ 4.

III. Die Bedürfnisse.

Unter Bedürfnissen ist hier das zu verstehen, was zur Erhaltung, Förderung und Verschönerung des Lebens nötig ist oder für nötig gehalten wird. Die Beurteilung der Bedürfnisse erfolgt ganz individuell, so daß keine Regeln aufgestellt werden können, die allgemeine Geltung beanspruchen dürften. Sie entstehen außerhalb des Bereichs der Volkswirtschaft beim Einzelnen, ihre Befriedigung ist nur möglich, wenn, und dadurch daß die

Güter in den Konsum gezogen werden, also den Bereich der Volkswirtschaft verlassen; schließlich befindet nur der Konsument darüber, ob und in welchem Maße ein Gut in der Befriedigung seines Bedürfnisses seinen Erwartungen entsprochen hat oder nicht. So erklärt es sich, daß die Bedürfnisse für die Volks= wirtschaft nur als subjektive Grundlage für die Schätzung von Gütern in Betracht kommen können. Es ist ganz einerlei, wes= halb ein Bedürfnis besteht, es ist aber entscheidend, wie es der Konsument bewertet und dies in seinem Werturteile zum Ausdruck bringt. Daher ist es von vornherein verfehlt, bei der Frage nach den Bedürfnissen von der voraussichtlichen Be= urteilung des klugen und verständigen Mannes auszugehen und man ist allgemein so klug, hierauf keine Rücksicht zu nehmen (Schund= und Scherzartikel). Volkswirtschaftlich kommt es lediglich darauf an, daß ein Gut bewertet wird und wie hoch; ob ein vernünftiger Mann das Nahrungsbedürfnis an die erste Stelle setzt, ein anderer vernünftiger Mann das Bedürfnis nach Wissen und Bildung, ein Dritter das Sammeln von Schmetter= lingen oder das Züchten von Meerschweinchen, — alles wird dadurch gerechtfertigt, daß der Einzelne es als Bedürfnis an= erkennt und nach seinem Ermessen die Bedürfnisse untereinander ordnet. Freilich sind hier Grenzen gezogen.

Die Größe eines Bedürfnisses wird durch dessen Ver= hältnis zu den anderen Bedürfnissen des Einzelnen bestimmt. Hier kommt das subjektive Urteil fast unbeschränkt zum Aus= druck. Das Bedürfnis nach europäischen Annehmlichkeiten aller Art kann bei dem Forschungsreisenden oder dem Gelehrten gegenüber den Anforderungen seines Wissensdranges äußerst gering sein; ein anderer mag das Hauptgewicht auf erlesenes Essen legen, ein Dritter auf modische Kleidung, ein Vierter darauf, die äußere Lebenshaltung möglichst glänzend zu ge= stalten, und all' das kann bis zur Unvernunft gehen, so z. B. wenn die arme Beamtenwitwe an aller Nahrung und Notdurft des Lebens spart, nur um ihre gesellschaftliche Stellung auf= recht zu erhalten, oder wenn unechter Schmuck und wertloser

III. Die Bedürfnisse.

Tand gekauft wird, um den Anschein der Wohlhabenheit zu erwecken. Das größte Bedürfnis ist durchaus nicht immer das wichtigste.

Die Unumgänglichkeit eines Bedürfnisses ist durch natürliche und soziale Verhältnisse bedingt. Hier sind vor allem Nahrung, Kleidung und Behausung als die Bedürfnisse zu nennen, welche nicht ohne Schaden für den Menschen ganz vernachlässigt werden können und wenigstens in der Höhe des Existenzminimums unbedingt Berücksichtigung fordern. Aber in Europa muß man nicht nur gekleidet sein, sondern man muß europäisch gekleidet sein, als Offizier braucht man eine Uniform, als Arzt ein Wartezimmer, als Handwerker Arbeitszeug. Das Existenzminimum ist also nicht überall gleich. Dagegen ist es nicht möglich, nach oben eine Grenze zu ziehen, viele Bedürfnisse können überhaupt fehlen, andere bis zur Verschwendung gehen. Dasselbe Bedürfnis kann der eine als unumgänglich ansehen, während es der andere gar nicht kennt (man denke an den Toilettentisch einer großen Dame).

Die Dringlichkeit des Bedürfnisses ist in den Verhältnissen des Einzelfalles begründet und nicht stets gleichmäßig vorhanden. So kann ein Winteranzug ein großes Bedürfnis sein, ohne deshalb dringlich zu sein, er wird erst dringlich, wenn man den Sommer hat verstreichen lassen, ohne für die Befriedigung dieses Bedürfnisses zu sorgen. Der Hosenknopf gilt gewiß als kleines Bedürfnis, wenn er aber am Abend kurz vor dem Balle an der Frackhose fehlt, ist das Bedürfnis gleich groß und dringlich. Die wichtigsten dringlichen Bedürfnisse sind die durch Krankheit hervorgerufenen. Gerade hier zeigt sich, daß sie unberechenbar sind. Sie können an sich kaum vorhergesehen werden und gestatten jedenfalls keine genaue vorherige Beurteilung. Sie können die ganze Einkommensverteilung des Einzelnen umstoßen und unvermutet als größte und dringlichste Bedürfnisse an der Spitze aller stehen. Es ist daher volkswirtschaftlich nicht möglich, diesem Unterschiede eine Bedeutung beizulegen, wenn natürlich der einzelne auch auf solche Bedürfnisse, schon ehe er sie hat und kennt, ver=

nünftigerweise Rücksicht nehmen wird. Dagegen lassen sich die unumgänglichen und die entbehrlichen nach ihrer Größe ordnen, nicht freilich so, daß das unumgänglichste nun auch das größte wäre.

Die Größe der Bedürfnisse wird an der Arbeitskraft gemessen. Wenn oben gesagt wurde, daß die Arbeitskraft gleich den Bedürfnissen sei, so ist es nötig, daß man die Bedürfnisse nach der Arbeitskraft einschränkt, wenn diese sonst nicht ausreichen würde, denn die Arbeitskraft läßt sich nicht erheblich steigern, wohl aber lassen sich die Bedürfnisse meist erheblich vermindern, ehe das Existenzminimum erreicht ist. Wie der einzelne hier den Ausgleich findet, ist durchaus subjektiv. Es ist nicht gesagt, daß er Bedürfnisse, die jeder andere für sehr entbehrlich halten würde, zuerst aufgibt, im Gegenteil ist anzunehmen, daß man einer Liebhaberei die Befriedigung anderer wichtigerer Bedürfnisse zum Opfer bringt. Außerdem kann es sich bei der Gleichheit nicht um eine mathematische Gleichheit handeln, sondern es wird oft ein Überschuß vorhanden sein, der bald der Arbeitskraft, bald den Bedürfnissen zugute kommt und kleinere Schwankungen gestattet. So kann man also aus der Arbeitszeit, die die Befriedigung jedes Bedürfnisses erfordert, dessen Größe entnehmen.

Wenn die Gesamtarbeitskraft A in zehn Stunden Arbeitszeit (10 a) zur Befriedigung von vier Bedürfnissen (4 b) verbraucht wird, die 1, 2, 3 und 4 Stunden Arbeitszeit erfordern, so läßt sich die Größe der Bedürfnisse durch a ausdrücken, sie ist 1 a, 2 a, 3 a und 4 a. Hierdurch werden die Bedürfnisse zueinander in ein Verhältnis gesetzt, die Zahlen stellen die Bedürfniseinheiten dar und im vorliegenden Falle steht eine Stunde Arbeitszeit einer Bedürfniseinheit gleich. Wenn diesem Produzenten daher ein Gut gleicher Art und Güte angeboten wird, so kann er beurteilen, wie vielen Einheiten der eigenen Arbeitskraft es entspricht. Es kann für ihn keinen höheren Gebrauchswert haben als den, welchen die eigene, auf dieses Gut gerichtete Arbeitsleistung hätte, und es fragt sich nur, ob die als Entgelt geforderte Arbeitsleistung größer oder kleiner ist

III. Die Bedürfnisse.

als die eigene, auf dieses Gut zu verwendende; nur im letzteren Falle kann er das Gut mit Vorteil erwerben.

In dieser Ursprünglichkeit ist die Messung der Bedürfnisse heute freilich nicht durchführbar, wohl aber haben alle Gegenstände des Bedarfs einen Preis, der zu dem Einkommen in irgendeinem Verhältnisse steht, und da das Einkommen der Ertrag der ganzen Arbeitskraft ist, kann man den Geldbetrag, welchen die Befriedigung eines Bedürfnisses erfordert, als den hierzu nötigen Teil der Arbeitskraft ansehen. Es kommt hinzu, daß heute niemand in der Lage wäre, seinen gesamten Bedarf durch eigene unmittelbare Arbeit zu decken, daß jeder einzelne Bedarfsgegenstand viel mehr eigene Arbeit erfordern würde, als an fremder zu vergüten ist, und daß es ganz unwirtschaftlich wäre, die eigene Arbeitskraft auf solche Dinge zu verwenden. Als Ausnahmen, deren es natürlich viele gibt, seien erwähnt das Backen auf dem Lande und die Hausschneiderei der Frauen. Es wird in vielen Fällen die eigene Arbeitsleistung nach der Forderung bemessen werden können, die von dritter Seite gestellt wird, d. h. die Konkurrenz sagt, welcher Aufwand von Arbeitskraft zum mindesten nötig ist, den Gegenstand herzustellen. Hierdurch wird vermieden, daß der Käufer im Hinblick auf die eigene notwendige Arbeitsleistung viel zu hohe Preise zahlen muß.

Die neubritisch-österreichische Schule sagt, die Größe des Wertes müsse sich nach der Größe des Wohlfahrtsgewinnes bestimmen, der von dem Gute abhängt. Sie will die Größe lediglich von der Seite des Bedürfnisses her ermitteln und muß, sofern sie ein allgemeines Gesetz aufstellen will, eine Tabelle der Bedürfnisgrößen haben. Diese soll sich nicht nach den Bedürfnisgattungen, sondern nach der Größe der einzelnen konkreten Bedürfnisse bestimmen, und die Größe des Wertes eines Gutes soll sich „nach der Wichtigkeit desjenigen konkreten Bedürfnisses oder Teilbedürfnisses bemessen, welches unter den durch den verfügbaren Gesamtvorrat an Gütern solcher Art bedeckten Bedürfnissen das mindest wichtige ist". Der Wert eines Gutes soll sich nach seinem Grenznutzen bestimmen.

Hier ist nur richtig, daß sich die Größe des wahren Wertes nach der des Wohlfahrtsgewinnes bemißt, also nach dem Maße, in welchem das Gut ein Bedürfnis **wirklich befriedigt**, es mag auch sein, daß der Einzelne seine Bedürfnisse nach der Wichtigkeit der konkreten Bedürfnisse ordnet, allein das alles liegt jenseits des volkswirtschaftlichen Gebietes und ist durchaus subjektiv. Die Unrichtigkeit dieser Lehre läßt sich am besten an den von v. Böhm-Bawerk selbst gebildeten Beispielen nachweisen. Zunächst ist daran zu erinnern, daß, wie oben gezeigt wurde, der wirtschaftliche Wert durch das vom Konsumenten auf Grund der Tauglichkeit, der Arbeitskraft und des Bedürfnisses abgegebene Werturteil bestimmt wird. Das Werturteil richtet sich stets in die Zukunft insofern, als die **Arbeitskraft des urteilenden Konsumenten** noch nicht aufgewendet, das Maß der Befriedigung noch nicht bekannt ist; es prophezeit gewissermaßen diese Größen. Hier liegt der erste Punkt, der als falsch zu bezeichnen ist: in seinen Beispielen spricht v. Böhm von einem „verfügbaren Vorrat", der also schon erarbeitet sein muß, es handelt sich bei ihm um Güter, über welche das Gebrauchswerturteil bereits wenigstens hinsichtlich des erforderlichen Aufwandes an Arbeitskraft realisiert ist, die der Konsument, um es so auszudrücken, schon gekauft hat, und deren Verwendung natürlich ganz in seinem Ermessen liegt. Dieser Vorrat ist schon aus dem Güterumlaufe genommen und es ist volkswirtschaftlich unwesentlich, wie er verwendet wird. Durch diese unwillkürliche Voraussetzung der Beispiele wird das Entscheidende, die aufzuwendende Arbeitskraft, verdeckt: Die Frage ist doch, ob und wie teuer der Konsument diese Güter kaufen durfte.

v. Böhm sagt (S. 14, 15): Angenommen, ein Landwirt brauche täglich 10 hl Wasser, die einzige Quelle, über die er verfüge, liefere nur acht, so sei augenscheinlich, daß er von diesem Vorrat keinen einzigen Hektoliter abgeben könne, ohne sich wesentlich zu schädigen. Brächte ihm seine Quelle aber 20 hl, so bringe der Verlust eines Hektoliters ihm nicht den mindesten

III. Die Bedürfnisse.

Schaden, ein einzelner Hektoliter habe gar keinen Wert. Hierzu ist zu sagen, daß das Wasser an sich gar keinen Wert, sondern nur Tauglichkeit hat, die 10 hl sind gerade so tauglich wie jeder einzelne der 20 hl Wasser. Aber da die Quelle auf dem Wirtschaftshofe entspringt, ist die zur Beschaffung des Wassers erforderliche Arbeitskraft so gering, daß sie übersehen wird: jeder Hektoliter wird mit Recht für wertlos gehalten. Gesetzt aber, daß die Quelle nur 8 hl liefert, so muß der Bedarf eingeschränkt werden, oder der Landwirt muß sich 2 hl anderweit beschaffen. Wenn dann das Holen eines Hektoliters 30 Pfg. Arbeitsaufwand verursacht, so haben nicht nur die zwei geholten Hektoliter, sondern schon jeder der acht vorhandenen einen Wert von 30 Pfg., denn wenn einer von diesen wegfällt, muß ihn der Landwirt durch einen dritten zu holenden ersetzen. Ob aber der Landwirt in seiner Bedürfnisordnung das Trinkwasser für sich, das für das Vieh oder das Waschwasser an die erste Stelle setzt, ist hierfür ganz einerlei. **Der volkswirtschaftliche Wert des Wassers liegt nicht darin, wofür es gebraucht wird, sondern darin, ob und wieviel Arbeitskraft seine Beschaffung erfordert.**

v. Böhm meint ferner, daß wir kraft inneren Zwanges jederzeit gerade das Werturteil fällten, welches die augenblickliche wirtschaftliche Lage erfordere. Der Müller fälle z. B. verschiedene Werturteile über das Wasser, je nachdem ihm sein Nachbar um einen Krug Wasser aus dem Mühlbache oder um die Ableitung des ganzen Baches bitte. Hielte er das Wasser allgemein für wertvoll, so müsse er das Schöpfen eines Kruges davon untersagen, hielte er es allgemein für wertlos, so müsse er auch das Ableiten des ganzen Baches gestatten. In Wirklichkeit hält aber der Müller einen Krug Wasser für wertlos, weil ihm die fehlende geringe Menge ohne sein Zutun wieder zufließt; der Bach aber ist ihm unentbehrlich und wertvoll, weil er sonst seine Mühle stehen lassen oder unverhältnismäßig viel Arbeitskraft daran wenden müßte, sie in Gang zu erhalten oder eine andere Quelle herzuleiten.

S. 27 sagt v. Böhm: „Niemand werde so töricht sein, seine verfügbaren Mittel in der Befriedigung geringfügiger und leicht entbehrlicher Bedürfnisse zu erschöpfen und sich dabei für das Notwendigste entblößen." Dieser Satz ist allerdings für ihn der grundlegende Satz, allein es ist schon gesagt, daß man über „das Notwendigste" sehr verschiedener Meinung sein kann. Schon hiermit wird seine grundlegende Bedeutung aufgehoben. v. Böhm gibt dann S. 30 das Beispiel eines Kolonisten, der einsam im Urwalde soeben 5 Sack Korn geerntet hat, mit denen er sich bis zur nächsten Ernte behelfen muß. Er bestimmt einen Sack zur Lebensfristung, einen zur Vervollständigung seiner Mahlzeiten, einen zur Mästung von Geflügel, einen zur Erzeugung von Branntwein und einen zur Fütterung von Papageien. Die Verwendungen stehen ihm an Wichtigkeit nicht gleich; er wird natürlich der Fristung des Lebens den höchsten Grad zuerkennen (10), der Erhaltung seiner Gesundheit den Grad 8, der Verbesserung seiner Kost den Grad 6, dem Genuß von Branntwein den Grad 4 und seiner Liebhaberei den Grad 1. Und nun wird auseinandergesetzt, wie sich der Mann verhält, wenn er 1, 2, 3, 4 Sack Korn verliert. „Der Mann müßte nicht recht klug sein, wenn er den verlorenen Sack sich am Munde abdarben, dabei aber Branntwein brennen und Papageien füttern wollte." Nun, es gibt zahlreiche Menschen, die in diesem Sinne nicht recht klug sind und ihre Bedürfnisse ganz anders ordnen, für ihre Liebhaberei Mangel an Nahrung und Kleidung ertragen, oder die Schnaps trinken und dabei am nötigsten darben. So läßt sich der Wert eines solchen Sackes Korn nicht nach einem solchen Schema, sondern nur subjektiv bestimmen: es ist durchaus nicht gesagt, daß der Kolonist seine Liebhaberei aufgibt, wenn er einen Sack Korn verliert.

Um zur richtigen Beurteilung der Bedürfnisse zu kommen, sei zunächst unterstellt, daß der Kolonist täglich 5 Maß Korn erarbeitet, daß er dazu 10 Stunden Arbeitszeit braucht, und daß die oben angegebenen Grade nicht Wichtigkeitsgrade, sondern Größegrade sind. Um 30 Größegrade zu erhalten, wird hinzu-

III. Die Bedürfnisse.

gefügt, daß der Kolonist, wegen Unsicherheit der Gegend, einen Hund hat, der ihn einen Größegrad kostet. Nun hat jede Maß Korn die Bedeutung von 2 Stunden Arbeitszeit, jede Bedürfnis=einheit die von $1/8$ Stunde Arbeit. Das größte Bedürfnis hat die Größe von $10/8$ Stunden Arbeit und $10/6$ Maß Korn. Hier hat man sofort ein festes Maß für die Größe der Bedürfnisse. Erzielt aber der Mann nur 4 Maß Korn, so hat jede Maß Korn die Bedeutung von $2^{1}/_{2}$ Stunden Arbeit, das Bedürfnis von 10 Einheiten hat immer noch die Größe von $10/8$ Stunden Arbeit, aber nur noch von $10/8$ Maß Korn. Verliert also der Mann einen Sack Korn, so wird er zunächst versuchen, alle seine Bedürfnisse nach dem Verhältnisse von 4:5 einzuschränken, ist er mit einem der unumgänglichen Bedürfnisse schon an der unteren Grenze angelangt, so muß er natürlich ein anderes Bedürfnis aufgeben. Da er eine Liebhaberei hat, ist anzunehmen, daß er erst eines der größeren Bedürfnisse beschneiden wird. Jedenfalls macht das jeder ganz wie er will, das Gesetz vom Grenznutzen lautet für jeden anders und ist volkswirtschaftlich nicht verwertbar, man kann die Wichtigkeit der Bedürfnisse gar nicht, ihre Größe nur an der Zeit, der Arbeitszeit, messen.

Für die Volkswirtschaft kommt also nur die Größe der Bedürfnisse in Betracht, wie sie an der Arbeitskraft gemessen werden kann. Aber es gibt einen Grenznutzen der Arbeits=leistung, eine gesellschaftlich notwendige Arbeitszeit. Wenn nämlich die Befriedigung eines Bedürfnisses das Ziel jeder Arbeits=leistung ist, so ist es zwar möglich, daß viele Arbeitseinheiten dazu gehören, dieses Ziel zu erreichen, aber die erforderliche Gesamt=größe der Leistung wird nicht durch die Erreichung des Zielpunktes bestimmt, sondern durch das geringste Maß, oder wenigstens durch=schnittlich geringste Maß, welches zur Erreichung des Zieles er=forderlich ist. Die darüber hinausgehende Arbeit ist vergeudet. Wer satt ist, wird durch Mehressen nicht noch satter. Wenn das Bedürfnis darin besteht, einen Sack Kartoffeln nach einem Orte zu bringen, so wird man nicht zwei Sack hintragen, man wird auch nicht die Kartoffeln einzeln hintragen.

§ 5.
Das Werturteil.

Jedes Urteil ist eine Entscheidung, die auf wenigstens zwei zu einander in ein Verhältnis gesetzten Voraussetzungen beruht. Aus den drei Voraussetzungen des Werturteils, Tauglichkeit, Arbeitskraft und Bedürfnis ergeben sich also vier Urteilsmöglichkeiten, nämlich die Urteile:
1. aus dem Verhältnisse zwischen Tauglichkeit und Bedürfnis;
2. aus dem Verhältnisse zwischen Tauglichkeit und Arbeitskraft;
3. aus dem Verhältnisse zwischen Arbeitskraft und Bedürfnis;
4. aus dem Verhältnisse zwischen Tauglichkeit, Arbeitskraft und Bedürfnis.

Das erste dieser Urteile wird hier Tauglichkeitswerturteil genannt, das zweite Sachwerturteil, das dritte Arbeitswerturteil, das vierte Bedürfnisbefriedigungs-Werturteil. Das Tauschwerturteil unterscheidet sich vom Sachwerturteile, das Gebrauchswerturteil vom Bedürfnisbefriedigungs-Werturteile dadurch, daß erstere Durchschnittsurteile sind, die vom Standpunkt des gesellschaftlich als notwendig oder angemessen Anerkannten, nicht vom Standpunkte des Urteilenden aus abgegeben werden[1]. Das Einzelne ist später zu erörtern.

---

[1] Das dritte Werturteil ist vom Standpunkte der Arbeitskraft aus als Arbeitswerturteil bezeichnet worden, man kann es aber auch vom Standpunkte des Bedürfnisses aus das Bedürfniswerturteil nennen. Deshalb ist hier für das vierte Werturteil die längere Bezeichnung Bedürfnisbefriedigungs-Werturteil gewählt worden. Allein auch dieses könnte noch genauer unterschieden werden in Gebrauchs-, Verbrauchs- und Bedürfnisbefriedigungs-Werturteil, wobei der Ausdruck Verbrauchswerturteil die Schätzung des Konsumenten, Gebrauchswerturteil das Durchschnittswerturteil und Bedürfnisbefriedigungs-Werturteil das Urteil über den wahren Wert im Konsum bezeichnen würde. Es wird hier davon abgesehen, weil die Ausdrücke Gebrauch und Verbrauch in diesem Sinne nicht üblich sind.

Der folgenden Betrachtung wird nicht erst der Tausch, sondern gleich die Geldwirtschaft zugrunde gelegt. Ist doch der Kauf eigentlich nur eine Form des Tausches. Hinter dem Gelde steht stets das einzelne Bedarfsgut und das Geld gestattet eine mittelbare und allgemeine, sozusagen unsachliche Bezeichnung der Güter, auch als Äquivalent sowohl für Arbeitskraft als für Bedarf eine einfache Vergleichung beider und eine bequeme Rechnung. Zudem ist unter dem angenommenen und an sich gewiß richtigen Verhältnisse der Gleichheit von Arbeitskraft und Bedürfnissen der Tausch unmöglich: es ist weder Zeit übrig, um ein Gut herzustellen, das im Tausche weggegeben werden könnte, weil die Zeit zur Befriedigung des eigenen Bedarfs gerade ausreicht, noch kann eins der Bedarfsgüter weggegeben werden, weil sonst das eigene Bedürfnis unbefriedigt bliebe, noch kann ein Bedürfnis nach dem angebotenen Gute bestehen, weil sie schon ohne dem alle befriedigt werden. Der Tausch von Dingen aber, die nach Art und Güte ungefähr gleich sind, wie die Waffen homerischer Helden, ist kein volkswirtschaftlicher Tausch.

Noch sei vorbemerkt, daß mit der Annahme der Gleichheit von Arbeitskraft und Bedürfnis keine rechnerische, noch weniger eine Wesensgleichheit gemeint ist. Das Gleichheitszeichen bedeutet nur, daß die eine Seite der Gleichung erforderlich und genügend ist, der anderen zu entsprechen.

Als Beispiel wird das schon oben benutzte Beispiel des Kolonisten (KI) gewählt, der in zehnstündiger Arbeitszeit (10 a) fünf Maß Korn (5 M, die nun als fünf Mark verstanden sein sollen) erarbeitet und damit seine 30 Bedürfniseinheiten (30 b) befriedigt. Die Bedürfnisse (B) bestanden in Nahrung (N 10 b), Gesundheit (G 8 b), Zukost (Z 6 b), Schnaps (S 4 b) der Liebhaberei (L 1 b) und dem Hunde (H 1 b). Die Buchstaben N, G, Z, S, L und H bezeichnen im Folgenden aber nicht gerade die Bedürfnisse, nach denen sie gewählt sind, sondern nur irgendwelche Bedürfnisse bestimmter Art und Größe, sie bezeichnen Gruppen aus der Gesamtheit aller tauglichen Sachen (T), und sie stellen die Summen des Bedarfes als eine Einheit, nur ein Gut dar.

I. **Das Tauglichkeitswerturteil.** Oben § 2, S. 8 war das Tauglichkeitsurteil erwähnt als ein außerhalb der Volkswirtschaft liegendes Urteil über die Tauglichkeit irgend einer Sache zur Befriedigung irgend eines Bedürfnisses, ohne daß über die Beschaffenheit der Sache oder die Art des Bedürfnisses etwas gesagt zu werden brauchte. Diese nur an sich von Natur irgendwie taugliche Sache t ist die Grundlage für die Abgabe der Werturteile. Sie ist das nützliche Ding, das Marx (S. 1) Ware nennt, „ein äußerer Gegenstand, der durch seine Eigenschaften menschliche Bedürfnisse irgend einer Art befriedigt." Hier aber ist das Tauglichkeitswerturteil durch die Gleichung $T = N$ gegeben. Unter allen tauglichen Sachen T dienen der Befriedigung des in Betracht kommenden Bedürfnisses nur solche aus der Gruppe N. Durch N sind die Sachen ihrer Beschaffenheit und der Art des Bedürfnisses nach als taugliche Sachen, als der richtige Gegenstand des Werturteils bestimmt. Andere, wenn auch sonst taugliche Sachen kommen für dieses Werturteil nicht in Betracht.

Das Tauglichkeitsurteil prüft die Tauglichkeit während des ganzen Produktionsverfahrens und stellt die Veränderungen fest, die im natürlichen Bestande der Sache vorgehen, es unterbricht das Verfahren, sobald es ungünstig ausfällt. Das Tauglichkeitswerturteil folgt ihm dabei, und beide fließen fast in einander, weil, nachdem einmal die Sache N als Gegenstand des Werturteils feststeht, auch die Beurteilung der natürlichen Tauglichkeit nur noch unter dem Gesichtspunkte des Werturteils möglich ist. Das Tauglichkeitsurteil bezieht sich nicht auf die Beurteilung einer Arbeitsleistung, sondern nur auf die Beantwortung der Frage, ob die Sache noch die Eigenschaften hat, welche sie zum Gegenstande des Werturteils machten, ob die natürlichen Voraussetzungen der beabsichtigten Verwertung noch gegeben sind. So wird über verdorbene Fische, über eine verbrannte Suppe[1]

---
[1] Man könnte wohl sagen, daß der Koch über die verbrannte Suppe

ober einen verschnittenen Anzug nur ein Tauglichkeitsurteil ge=
fällt, trotz der auf diese Dinge verwendeten Arbeit. Weil das
Tauglichkeitsurteil hier ungünstig ausfällt, ist auch das Taug=
lichkeitswerturteil ungünstig. Diesen Dingen ist die natürliche
Eignung, ein Wert zu werden, abhanden gekommen, sie können
fernerhin nicht Gegenstand volkswirtschaftlichen Verfahrens und
keine Träger volkswirtschaftlichen Wertes sein. Mit dem Taug=
lichkeitswerturteil wird also der Gegenstand des Werturteils
genau bezeichnet als eine bestimmte Sache von bestimmten Eigen=
schaften für die Befriedigung eines bestimmten Bedürfnisses.
Diese Sache N nennt Marx „Gebrauchswert". Er sagt (S. 2):
„Gebrauchswerte bilden den stofflichen Inhalt des Reichtums",
und geht davon aus, daß die Nützlichkeit eines Dinges es zum
Gebrauchswerte mache. Hier liegt aber ein Fehler des Gedanken=
ganges: ein Ding ist nicht schon Gebrauchswert, weil es nützlich
ist, sondern es ist dann nur geeignet, ein Gebrauchswert zu
werden. Marx meint selbst, daß sich der Gebrauchswert erst im
Gebrauche verwirkliche; er ist bis dahin also ein unwirklicher,
nur angenommener Wert, nur ein Werturteil lediglich auf Grund
der Tauglichkeit. Nur durch diesen Fehler ist es erklärlich, daß
Marx, wenn er vom Gebrauchswert der Warenkörper absieht
(S. 4) auch gleich von den körperlichen Bestandteilen und Formen,
die das Ding für ihn zum Gebrauchswert machen, absehen kann,
so daß nur Arbeitsprodukte übrig bleiben. Marx sieht nicht,
daß das Ding nur mit Rücksicht auf ein Bedürfnis Gebrauchs=
wert sein kann, und daß das Bedürfnis eine besondere Berück=
sichtigung erfordert, er übersieht den Unterschied der oben unter 1
und 4 genannten Werturteile und behandelt die Sache N nur
unter dem Gesichtspunkt des Sachwerturteils. v. Böhm=Bawerk
dagegen erklärt (S. 4) den Wert als die Kraft und Tüchtigkeit
eines Gutes zur Herbeiführung irgend eines objektiven Erfolges.
Dies entspricht völlig der Gleichung $T = N$, indessen kennt
v. Böhm die Gleichung $T = A$ nicht, bei ihm findet die er=

---

das Tauglichkeitsurteil abgibt, weil bei ihm ein Bedürfnis nach der
Suppe nicht besteht, der Gast das Tauglichkeitswerturteil.

forderliche Arbeit nicht die nötige Berücksichtigung, was, wie schon bemerkt, sich daraus erklärt, daß er stets mit einem verfügbaren, also schon erarbeiteten Vorrat rechnet.

II. Das Sachwerturteil beruht auf der Gleichung $T = A$. Es besagt, also zunächst ohne Bezugnahme auf ein bestimmtes Bedürfnis, wie viel Arbeitskraft auf irgend eine taugliche Sache zu verwenden oder schon verwendet ist, ersteres bis zur Erreichung der Gebrauchstauglichkeit, dem Zustande der Sache, der ihren unmittelbaren Verbrauch gestattet, letzteres bis zum Zeitpunkt der Urteilsabgabe. Es drückt aber auch aus, daß auf die Sache eine ihrer Tauglichkeit entsprechende Arbeit verwendet worden ist. Wer Fleisch wie Eisen oder Eisen wie Fleisch bearbeiten wollte, würde trotz der Tauglichkeit beider für bestimmte Zwecke und trotz der aufgewendeten Arbeitskraft kein günstiges Sachwerturteil über das Erzeugnis ermöglichen. Hier berührt sich das Sachwerturteil mit dem Tauglichkeitswerturteil; bei diesem wurde die Tauglichkeit der Sache unter dem Gesichtspunkte des Bedürfnisses betrachtet, hier die Arbeitsleistung unter dem Gesichtspunkte der Tauglichkeit ihres Gegenstandes. Das Tauglichkeitswerturteil ist möglich, ohne daß Arbeit auf die Sache verwendet wäre, das Sachwerturteil, ohne daß ihm ein bestimmtes Bedürfnis zugrunde läge. So ist es möglich, über jeden tauglichen Gegenstand, auf den zweckmäßig Arbeit verwendet ist, ein Werturteil abzugeben, ohne Rücksicht auf seine besondere Tauglichkeit; einen solchen Gegenstand nennt man Ware.

Die Gleichung $T = A$ entspricht dem, was Marx (S. 4) ausführt: „Sieht man nun vom Gebrauchswerte der Warenkörper ab, so bleibt ihnen nur noch eine Eigenschaft, die von Arbeitsprodukten ... Abstrahieren wir von deren Gebrauchswert, so abstrahieren wir auch von den körperlichen Bestandteilen und Formen, die es zum Gebrauchswert machen. Es ist nicht länger Tisch oder Haus oder Garn oder sonst ein nützlich Ding. ..."
In der Gleichung $T = A$ ist T also nicht N oder G oder Z, sondern eben nur T, eine an sich taugliche Sache, ein brauchbares Ding irgendwelcher Art, und solche Dinge unterscheiden

sich nur durch die auf sie verwendete Arbeitskraft. Marx nennt sie Werte — Warenwerte. Allein der Ware fehlt zunächst der Konsument, sie hat noch keinen Gebrauchswert, weil dem Werturteil nicht schon das Bedürfnis mit zugrunde gelegt worden ist.

III. Das Arbeitswerturteil ergibt sich aus dem Verhältnisse A = B. Die Bedürfnisse sind eher vorhanden, als die Arbeit, sie zwingen erst zur Arbeit. Sie richten sich allgemein auf Dinge aus den tauglichen Sachen T, einzeln auf Gegenstände aus den Gruppen N, G, Z oder welche es sein mögen. Die Befriedigung jedes Bedürfnisses erfordert einen genau bestimmbaren Arbeitsaufwand[1], einen Anteil der Arbeitskraft, der für die verschiedenen Bedürfnisse natürlich verschieden groß ist. Im vorliegenden Beispiel ist er für N = 10, für G = 8, für Z = 6, für S = 4, für L und H = je 1. Hieraus ergeben sich sowohl 30 Bedarfseinheiten, als auch 30 Zeiteinheiten. Da 30 b = 5 ℳ gesetzt ist, so ist b = $^1/_6$ ℳ, da die 30 Arbeitseinheiten = 10 Stunden gesetzt sind, ist eine Arbeitseinheit = $^1/_3$ Stunde. Da Arbeitskraft und Bedürfnisse bei allen Menschen verschieden gemischt sind, ergeben sich natürlich überall andere Einheiten, hier ist also der Arbeitswert einer Arbeitsstunde gleich 3 Bedarfseinheiten. Da b = $^1/_6$ ℳ ist, ergibt sich als Geldwert der Arbeitsstunde der Betrag von $^3/_6$ ℳ = 0,5 ℳ.

Angenommen, ein anderer Kolonist, K II, habe auch 30 Bedarfseinheiten, die sich aber zu anderen Bedarfsgrößen zusammensetzen und aus anderen Gruppen der tauglichen Sachen befriedigt werden, im Werte von nur 4 ℳ, die er bei gleicher Arbeitskraft wie K I ebenfalls in zehnstündiger Arbeit befriedigt, so ergibt sich aus der Gleichung 10 a = 4 ℳ = 30 b für die Bedarfseinheit der Betrag von $^4/_{30}$ ℳ = 0,133 ℳ, für die Arbeitsstunde der Betrag von 0,4 ℳ. Der Einwand, daß K I über eine um $^1/_5$ leistungsfähigere Arbeitskraft verfüge, als K II, weil jene mit 5 ℳ, diese mit 4 ℳ angesetzt sei, daß daher

---

[1] Marx, S. 43: Die Not zwingt ihn, (Robinson) seine Zeit genau zwischen seinen verschiedenen Funktionen zu verteilen.

bei jenem auf jede Bedürfniseinheit auch nur $^4/_5$ der Zeit entfallen könnten, die K II braucht, demnach auch der Arbeitswert jeder Bedürfniseinheit nur $^4/_5$ des Wertes bei K I betrage, ist nicht stichhaltig, weil in dem gewählten Beispiele der Unterschied eben in die Bedürfnisse, nicht in die Arbeitskraft gelegt ist. Überdies wird nicht bezweifelt werden können, daß die Befriedigung verschiedener Bedürfnisse auch bei gleicher Leistungsdichtigkeit verschieden viel Arbeitszeit beansprucht; wessen Bedürfnis durch das Fangen von Schmetterlingen befriedigt wird, der wird bei gleicher Dauer und Anstrengung weniger Ertrag seiner wirtschaftlichen Tätigkeit haben, als etwa der Schlosser oder Tischler. Hier sprechen auch Geschicklichkeit und persönliche Veranlagung mit. Umgekehrt kann dieselbe nach Art und Dauer gleiche Arbeitszeit mehr Ertrag geben, wenn sie auf einen von Natur tauglicheren Gegenstand gerichtet wird, etwa auf ein Reh, statt auf einen Hasen. Es handelt sich hier nur darum, zu zeigen, daß die Größe des Sachwertes weder nur an der Zeit (wie Marx will) noch nur an den Bedürfnissen (wie v. Böhm will) gemessen werden kann. **Der Wert der Arbeitskraft und somit der jeder einzelnen Arbeitsleistung hängt nicht lediglich von der Leistungsdichtigkeit und Dauer der Arbeit, sondern wesentlich auch von dem Verhältnisse ab, in welchem die Gesamtarbeitskraft zur Summe und dem Werte der Bedürfnisse steht.** Das ist von Marx übersehen worden, wenn er (S. 6) sagt: „Es ist also nur das Quantum gesellschaftlich notwendiger Arbeit, oder die zur Herstellung eines Gebrauchswertes gesellschaftlich erforderliche Arbeitszeit, welche die Wertgröße bestimmt." Ebenso bei v. Böhm, der (S. 4) den Wert nur in der Bedeutung eines Gutes für die Wohlfahrtszwecke eines Menschen findet.

So kann der Sachwert von Dingen gleicher Art und Güte ganz verschieden groß sein, je nach dem Verhältnisse zwischen Arbeitskraft und Bedürfnis bei den verschiedenen Produzenten. Der Durchschnitt aus den verschiedenen Sachwerten wird Tauschwert genannt. Marx bestimmt den Begriff des Tauschwertes, wenn er S. 5 den Begriff der gesellschaftlich, notwendigen Arbeitszeit bestimmt. Nach ihm bedeutet dieser Begriff die „Arbeitszeit, erheischt, um irgend einen Gebrauchswert mit den vorhandenen gesellschaftlich-normalen Produktionsbedingungen und dem gesellschaftlichen Durchschnittsgrad von Geschick und Intensität der Arbeit herzustellen." Diese Begriffsbestimmung würde ganz einwandfrei sein, wenn sie: 1. sich ausdrücklich auf den Tauschwert bezöge; 2. in ihr zum Ausdruck käme, daß der Tauschwert aus dem Durchschnitt der Sachwerte zu ziehen ist, daß also jede Sache einen besonderen Sachwert und einen allgemeinen Tauschwert hat und 3. daß ihr die Gleichung $T = A$, nicht $N = A$ zugrunde liege, weil beim Tauschwerte wie beim Sachwerte die Berücksichtigung des Bedürfnisses ausgeschaltet ist. Dagegen ist die Begriffsbestimmung v. Böhms ungenügend. Er sagt (S. 5): Objektiver Tauschwert ist die Möglichkeit, für gewisse Güter im Austausche eine Quantität anderer wirtschaftlicher Güter zu erlangen." Geradezu falsch ist der Schluß des Satzes: „Diese Möglichkeit als eine Kraft oder Eigenschaft der ersteren Güter gedacht." Hier liegt nur die Gleichung $T = N$ zugrunde, der Tauschwert erscheint als eine Art Tauglichkeit, als eine natürliche, wenn auch nur gedachte Eigenschaft der Dinge, und es läßt sich aus dieser Begriffsbestimmung für die Größe des Tauschwertes nicht das geringste entnehmen. Freilich soll sie sich auch lediglich nach der Größe des Bedürfnisses richten: bei ihm ist von der Arbeit, welche doch die Größe des Sachwertes und damit die des Tauschwertes bestimmt, gar keine Rede.

Der Tauschwert ist also der Wert, der sich aus der durchschnittlich auf eine Sache verwendeten Arbeit ergibt, ohne Rücksicht auf die besonderen Bedarfsverhältnisse des Produzenten. Als Durchschnittswert kann er höher oder niedriger sein als die ihm zugrunde liegenden Sachwerte, er muß höher sein als der niedrigste, niedriger als der höchste Sachwert.

IV. Das Bedürfnisbefriedigungs-Werturteil beruht auf dem Verhältnisse der Gleichungen $T = N$ und $T = A$

und bestimmt die Größe des Bedürfnisbefriedigungswertes durch die Gleichung A = N[1]. Es fragt sich bei ihm nur, ob A = N ist, ob die Größe des Bedürfnisses der zu seiner Befriedigung verfügbaren Arbeitsleistung entspricht. Dies ist für K I der Fall, weil alle hier festzustellenden Verhältnisse durch das Beispiel schon gegeben sind. Für K I hat N die Bedürfnisgröße von 10 b; ebenso entsprechen $^{10}/_3$ a dem Bedürfnisbefriedigungswerte von 10 b. Das Verhältnis A = B wird in der Gleichung N = 10 b = $^{10}/_6$ ℳ = $^{10}/_3$ a richtig ausgedrückt. K I kann sein Bedürfnis N durch die Arbeitsleistung $^{10}/_3$ a voll befriedigen, ohne seine anderen Bedürfnisse zu beeinträchtigen. Für ihn ist der Sachwert von 1,666 ℳ gleich dem Bedürfnisbefriedigungswerte. Dies trifft immer zu, wenn der Produzent zum Selbstkonsum das Bedürfnisbefriedigungs-Werturteil abgibt und hierin liegt eine der Hauptursachen für die Verkennung des Unterschiedes zwischen Gebrauchswerturteil und Tauschwerturteil.

Wie sich aus dem Durchschnitt der Sachwerturteile das Tauschwerturteil, der Tauschwert ergab, so aus dem Durchschnitt der Bedürfnisbefriedigungs-Werturteile das Gebrauchswerturteil, der Gebrauchswert. Es ist oft ausgesprochen, daß beim Tausche beide Teile Vorteile haben müßten und auch Vorteile hätten, indessen ist es nicht gelungen, diesen Vorteil genauer zu bezeichnen: es lag daran, daß man nur das durchschnittliche Bedürfnisbefriedigungs-Werturteil, den Gebrauchswert, der allgemein anerkannt ist, sah, nicht aber den Wert, den die Befriedigung des Bedürfnisses gerade für den Urteilenden hatte. Ebenso wie der Tauschwert höher oder niedriger sein kann als der Sachwert, ist der Gebrauchswert höher oder niedriger als der Bedürfnisbefriedigungswert. Dort konnte vom Produzenten mit Vorteil nur getauscht werden, wenn der Tauschwert gleich oder größer als der Sachwert war;

---

[1] Im Folgenden werden die Gleichungen A = N und A = B nach dem in der Anmerkung S. 34 angedeuteten Unterschiede gebraucht, so daß bei A = N das bestimmte Bedürfnis N, bei A = B die erforderliche Arbeitskraft im Vordergrunde steht. Das Ergebnis ist in jedem Falle dasselbe, da N nicht nur eine der tauglichen Sachen T, sondern auch eins der Bedürfnisse B ist.

hier kann vom Konsumenten nur getauscht werden, wenn der Gebrauchswert gleich oder kleiner ist als der Bedürfnis= befriedigungswert. Dort kam es darauf an, daß die im Sach= wert verkörperte Arbeitskraft auch voll ersetzt wurde, hier ist es wesentlich, daß die Befriedigung des Bedürfnisses nicht mehr Arbeitskraft erfordert, als sich aus dem Verhältnisse $A = B$ er= gibt. Für die Volkswirtschaft kommt auf der Seite des Kon= sumenten lediglich der Gebrauchswert in Betracht, jedenfalls braucht kein Konsument mehr Arbeit zu vergüten, als in dem durchschnittlichen Gebrauchswerturteile festgestellt ist.

Dies vorausgeschickt, so ist zu sagen, daß sich der Sachwert $T = {}^{10}/_{3} a = 1,666$ ℳ nach der Richtung des Gebrauchswertes entwickelt, wenn der Urteilende ein Bedürfnis nach dieser Sache T hat, wenn $T = N$ ist, aber nach der Richtung des Tausch= wertes, wenn der Urteilende kein Bedürfnis nach T hat. Der Sachwert liegt also sowohl dem Tauschwerte als dem Gebrauchs= werte zugrunde; daß Marx dies verkannt hat, ist von größter Tragweite für die Beurteilung seiner Lehre. Er sagt (S. 2), daß die Gebrauchswerte die stofflichen Träger des Tauschwertes bilden, und er versteht dabei unter Gebrauchswert die Sache N statt der Sache T. Er übersieht, daß in den Gleichungen $T = N$ und $T = A N$ und A durchaus nicht einander gleichzusetzen sind, daß sie sich vielmehr nur beim Produzenten zum Selbstkonsum entsprechen, und daß die Unterschiede sofort zutage treten, wenn das Sachwerturteil $T = A$ von einer anderen Person abgegeben wird, als das Tauglichkeitswerturteil $T = N$. Der Produzent zum Selbstkonsum freilich bildet sich zunächst die Gleichung $A = N$, als das Bedürfnisbefriedigungs=Werturteil, und wählt schon auf Grund dieses Verhältnisses die Sache N aus; er weiß, wieviel Arbeitskraft er auf die Befriedigung des Bedürfnisses N verwenden kann und muß von der Befriedigung absehen, wenn das Arbeitswerturteil ungünstig ausfällt. Er braucht aber auch kein besonderes Sachwerturteil zu fällen, weil im Bedürfnis= befriedigungs=Werturteile auch das Verhältnis der Arbeitsleistung zur Bedürfnisgröße N schon bestimmt ist; er verwendet keine

Arbeitskraft auf N, wenn das Verhältnis hinsichtlich der erforderlichen Arbeitsleistung ungünstig ist. So braucht er nur die natürliche Tauglichkeit der Sache als unbedingte Voraussetzung für die Abgabe des Gebrauchswerturteils und das Verhältnis zwischen seiner Arbeitskraft und seinen Bedürfnissen als Maßstab des Gebrauchswertes zu kennen, ein Verhältnis, das nach der Arbeitskraft an der Zeit gemessen und in Geld ausgedrückt wird.

Der Fehler des Gedankenganges bei Marx liegt darin, daß Marx davon ausgeht, die Nützlichkeit eines Dinges mache es zum Gebrauchswert. Vielmehr kann die Nützlichkeit, Tauglichkeit, ein Ding nur zum Gebrauchswert geeignet machen. Die Tauglichkeit einer Sache, genauer die Sachen mit Rücksicht auf ihre Tauglichkeit, bilden allerdings den stofflichen Inhalt des Reichtums, da sowohl der wahre als auch der wirtschaftliche Wert an den Naturgegenstand, an die Körperlichkeit des Dinges gebunden ist. Wenn Marx aber meint, daß Gebrauchswerte den stofflichen Inhalt des Reichtums und zugleich den stofflichen Träger des Tauschwertes bildeten, so erscheint der Gebrauchswert als Grundlage des Tauschwertes, und beide Benennungen stehen nicht im gleichen Rangverhältnis. In Wirklichkeit sind sie aber gleichgeordnet; sie fußen beide auf dem Sachwerte, und der Tauschwert ist immer das Urteil des Produzenten über diesen Sachwert, der Gebrauchswert immer das des Konsumenten. Man könnte eher sagen, daß der Tauschwert der stoffliche Träger des Gebrauchswertes sei, denn seine Ermittelung ist die Voraussetzung für die Abgabe des Gebrauchswerturteils, was nur dann nicht klar erkennbar ist, wenn der Produzent zum Selbstkonsum das Werturteil abgibt.

Wenn Marx ferner meint, der Tauschwert erscheine als das quantitative Verhältnis, worin sich Gebrauchswerte einer Art gegen Gebrauchswerte anderer Art austauschen, so ist das insofern nicht richtig, als der Tauschwert nur den durchschnittlichen Sachwert von Dingen gleicher Art bezeichnet. Sie unterscheiden sich von Dingen anderer Art nur durch das Maß der Arbeitskraft, und diese gibt dann freilich den Austauschmaßstab ab. Es werden also Tauschwerte gegen Tauschwerte ausgetauscht; im Namen selbst liegt ja schon, daß der Gebrauchswert eben nicht ausgetauscht wird. Jeder Tauschende gibt seine Sache als Tauschwert und empfängt die des anderen als Gebrauchswert; aus beiden Tauschwerten sind im Tausche Gebrauchswerte geworden, jeder aber auf der anderen Seite der Tauschenden, sonst würden diese nicht getauscht haben.

§ 6.
Die Wertgröße.

Die Wertgröße bestimmt sich nach dem Verhältnisse zwischen Arbeitskraft und Bedürfnis im Hinblick auf einen Naturgegenstand als Grundlage des Werturteils. Die Größe ist verschieden, je nach dem Verhältnisse $A = B$. Um zunächst die Formel zu bilden. Für K I war die Gleichung $10a = 5\, \mathscr{M} = 30b$, für K II $10a = 4\, \mathscr{M} = 30b$. K I hatte mit dem Tauglichkeitsurteil die Sache N als Gegenstand des Werturteils bezeichnet. Für ihn war die Größe des Bedürfnisses N auf $10b$ bestimmt. Das Sachwerturteil hatte ausgesprochen, daß auf die Sache N ein gewisses Maß von Arbeit zu verwenden sei, um sie gebrauchstauglich zu machen; hier $^{10}/_3 a$. Es leuchtet ein, daß man in dem gewählten Beispiele von beiden Seiten auf dieselbe Wertgröße kommt, den $10b = {}^{10}/_3 a$:

$N = {}^{10}/_3 a;\ a = 3b;\ b = {}^{1}/_{6}\, \mathscr{M};$ folglich $a = {}^{3}/_{6}\, \mathscr{M};$
$N = {}^{10}/_{6}\, \mathscr{M} = 1{,}666\, \mathscr{M};$
$N = 10b;\ b = {}^{1}/_3 a;\ a = {}^{1}/_2\, \mathscr{M};$ folglich $b = {}^{1}/_{6}\, \mathscr{M};$
$N = {}^{10}/_{6}\, \mathscr{M} = 1{,}666\, \mathscr{M}.$

Das besagt also, daß für K I das Sachwerturteil dieselbe Größe hat wie das Bedürfnisbefriedigungs-Werturteil. K I kann, wenn er sicher ist, N für 1,666 Mk. zu verkaufen, seine ganze Arbeitskraft auf die Herstellung von N verwenden; er kann auch, falls ihm N für 1,666 Mk. angeboten wird, N kaufen, in beiden Fällen, ohne die Befriedigung seiner übrigen Bedürfnisse zu beeinträchtigen; für ihn ist der Tauschwert von

N gleich dem Gebrauchswert. Für das Gut G bestimmt sich die Wertgröße auf 1,333 ℳ, für Z auf 1 ℳ usw. K I kann seine ganze Arbeitskraft auch auf irgendeins dieser Güter richten, wenn er sicher ist, es zu dem berechneten Preise zu verkaufen. Er kann nun aber auch, da ihm die Gleichung $10a = 5$ ℳ $= 30b$ bekannt ist, für ihn also die Arbeitsstunde einen Wert von 0,5 ℳ hat, irgendeine Sache X herstellen, wenn er sie gemäß diesem Verhältnisse bezahlt bekommt. X ist keins der Bedürfnisse von K I, es hat für ihn keinen Gebrauchswert und ist nur eine Ware; als beliebige taugliche Sache gehört es zur Gruppe X aller tauglichen Sachen T. Nun bestimmt K I den Wert von X einfach nach der Gleichung $T = A$, aus der Arbeitsleistung, diese an der Zeit gemessen. Wenn er auf die Herstellung von X 4 Stunden Arbeit verwendet, hat X für ihn den Sachwert von 2 ℳ.

Für K II ergibt sich aus der Gleichung $10a = 4$ ℳ $= 30b$ ein Stundenwert der Arbeit von 0,4 ℳ. Wenn K II die Sache X herstellt und dazu ebenfalls 4 Stunden braucht, berechnet sich für ihn der Sachwert von X auf 1,60 ℳ.

Schließlich sei angenommen, daß X von einer Maschine (P als der Produzent an sich) geliefert werde, deren Bedarf mit 30 Einheiten (an Bedienung, Instandhaltung, Amortisation usw.) ebenfalls 5 ℳ betrage, die aber zur Herstellung von X nur 2 Stunden braucht, und also bei 10 stündiger Arbeit 5 X liefert. X hat weder für die Maschine noch für ihren Eigentümer Gebrauchswert. Der Sachwert berechnet sich nach derselben Formel.

K I: $\quad 10a = 30b = 5$ ℳ; $a = \frac{1}{2}$ ℳ; $X = 4a$;
$\qquad$ folglich $X = 2$ ℳ.

P: $\quad 10a = 30b = 5$ ℳ; $a = \frac{1}{2}$ ℳ; $X = 2a$;
$\qquad$ folglich $X = 1$ ℳ.

K II: $\quad 10a = 30b - 4$ ℳ; $a = 0,4$ ℳ; $X = 4a$;
$\qquad$ folglich $X = 1,666$ ℳ.

Der Tauschwert von X wird aus dem Durchschnitt dieser Sachwerte ermittelt; er stellt sich etwa auf 1,50 ℳ. K I könnte mit P nur in Wettbewerb treten, wenn er seine Bedürfnisse um ein Viertel einschränkte, oder seine Arbeitszeit um ein Viertel verlängerte; er ist so gut wie konkurrenzunfähig, zumal ja der Tauschwert von 1,50 ℳ bei P immer noch über dem Sachwert liegt und P den Preis ohne Verlust für sich drücken könnte. K II kann mit einer geringen Einschränkung seine Bedürfnisse oder einer geringen Ausdehnung seiner Arbeitszeit die Konkurrenz ungefähr aushalten.

Hier ist hervorzuheben, daß, sobald eine Sache einen Tauschwert hat, sich das Verhältnis der Arbeitsleistung zu den Bedürfnissen insofern umkehrt, als nun nicht mehr die Größe der Bedürfnisse den Wert der Arbeitseinheit, sondern der Ertrag der Arbeitsleistung die Größe der Bedürfnisse beeinflußt. Wer die Sache X mit einem Tauschwerte von 1,50 ℳ herstellt, kann bei zehnstündiger Arbeit nur $2^{1}/_{2} \times 1{,}50$ ℳ $= 3{,}75$ ℳ verdienen, er muß hiernach seine Bedürfnisse einschränken, obwohl seine Arbeitsanstrengung dieselbe bleibt wie früher. Der Grund liegt also nicht etwa darin, daß der Unternehmer die Arbeit ungenügend bezahlte, sondern darin, daß eben nun die Sache X auch für den Unternehmer nur den Tauschwert von 1,50 ℳ hat[1]. Übrigens sei hier bemerkt, daß sogenannte Individualleistungen, wie Gemälde oder Kunstwerke irgendwelcher Art, vielleicht überhaupt die Erzeugnisse geistiger Arbeitskraft keinen Tauschwert, sondern nur Sachwert haben. Sobald das Angebot solcher Leistungen aber einen Durchschnittspreis ermöglicht, sinkt ihr Wert; z. B. bei den geistigen Leistungen kaufmännischer Angestellter, bei denen des Gelehrtenproletariats; sie werden Ware, weil sie einen Tauschwert bekommen.

---

[1] Hier liegt das Problem begründet: Herabsetzung des Lohnes trotz gleicher oder gar vermehrter Arbeitszeit. Nur wird verkannt, daß im ganzen buch nicht der Kapitalist, sondern die Konkurrenz, vor allem die Maschine die Größe des Tauschwertes bestimmt, und daß der Kapitalist eben deshalb keine höheren Löhne zahlen kann. Natürlich gibt es Fälle, wo er es könnte, wo also die Spannung zwischen Tauschwert und Gebrauchswert noch groß ist; allein der Gebrauchswert als Arbeitsleistung, die der Konsument aufwenden muß, um sich die Sache anderweit zu verschaffen, sinkt eben auch durch den Einfluß der Konkurrenz der Produzenten. Es kann aber nicht Aufgabe dieser Schrift sein, sich in dieses besondere Gebiet zu vertiefen.

Oben war gezeigt, daß die Sache N für K I den Bedürfniswert von 1,666 ℳ hat. Angenommen, P stelle die Ware N her unter den gleichen Verhältnissen wie oben, also bei gleichen eigenen Bedürfnissen in doppelter Menge, so hat N für P den Sachwert von 0,833 ℳ. P hat N nicht mit Rücksicht auf ein eigenes Bedürfnis hergestellt; für P ist N nur eine taugliche Sache T, auf welche Arbeit verwendet ist, eine Ware. K I dagegen als Konsument beurteilt N nach der Formel A = B; für ihn kommt gerade das Bedürfnis nach N in Betracht. Er kann es befriedigen, wenn er N von P für 0,83 ℳ kaufen kann. Gesetzt der Tauschwert von N sei 1,00 ℳ, so kann K I immer noch N mit Vorteil kaufen und P kann mit seinem Preise immer noch in die Höhe gehen, bis zu 1,666 ℳ, ohne daß K I Schaden erlitte. Der Gebrauchswert von N ist aber auch nur der Durchschnitt vieler gleichartiger Bedürfnisbefriedigungswerte; letzterer kann daher höher oder niedriger sein als der Gebrauchswert, und so kann es kommen, daß der Käufer entweder nicht die als Gebrauchswert festgestellte Preishöhe bewilligen kann, oder daß er mehr bewilligen kann, als der Gebrauchswert beträgt. Wenn z. B. N unter den Bedürfnissen von K II vorkommt, und dort die Bedürfnisgröße von 1 ℳ hat, so wird nun der durchschnittliche Gebrauchswert von N etwa 1,25 ℳ betragen. Der Bedürfnisbefriedigungswert ist aber für K II nur 1 ℳ, für K I 1,66 ℳ. Ersterer kann den Gebrauchswert nicht zahlen, letzterer kann mit Vorteil kaufen, ersterer tut besser, N sich selbst herzustellen oder den Bedarf einzuschränken, letzterer würde unwirtschaftlich handeln, wenn er N selbst herstellen wollte.

Jede Sache hat also einen Sachwert, einen Tauschwert, einen Gebrauchswert und einen Bedürfnisbefriedigungswert. Der Sachwert muß kleiner sein als der Tauschwert, wenn der Produzent die Sache mit Vorteil verkaufen will, der Gebrauchswert muß kleiner sein als der Bedürfnisbefriedigungswert, wenn der Konsument die Sache mit Vorteil kaufen will. Zwischen Tauschwert und Gebrauchswert schiebt sich der Preis ein. Der Tausch-

Die Wertgröße. 49

wert muß niedriger sein als der Preis, dieser muß niedriger sein als der Gebrauchswert, wenn das Geschäft für die Beteiligten vorteilhaft sein soll. Es kommt also darauf an, billig herzustellen und teuer zu verkaufen, aber auch darauf, die Bedürfnisse mit möglichst wenig Arbeitsaufwand zu decken. Billig herzustellen und teuer verkaufen ist die Aufgabe des Produzenten, des Unternehmers und des Händlers, sparsam zu leben ist die Aufgabe des Konsumenten.

Das für K I festgestellte Verhältnis $10\,a = 30\,b = 5\,\mathscr{M}$ hatte zur Grundlage eine Bedürfniseinheit von $0{,}166\,\mathscr{M}$. Gesetzt alle Bedürfnisse von K I würden mit Maschinen im gleichen Verhältnisse wie N, also halb so teuer hergestellt, so sinkt die Bedürfniseinheit auf die Hälfte, die Gleichung lautet nun $10\,a = 30\,b = 2{,}50\,\mathscr{M}$. Hiermit sinkt auch der Wert der Arbeitsstunde von $0{,}5$ auf $0{,}25\,\mathscr{M}$, d. h. K I kann nun um die Hälfte billiger arbeiten als bisher, ohne seine Bedürfnisse zu beeinträchtigen, und das ist die wesentliche Ergänzung zu der obigen Feststellung, daß er bei Wettbewerb von P seine Bedürfnisse einschränken oder seine Arbeitszeit ausdehnen müsse. Beide Wirkungen der Maschine gleichen sich hier ungefähr dahin aus, daß die Verbilligung zwar dem Arbeiter als Produzenten schadet, ihm als Konsumenten aber nützt. Das Sinken der Löhne ist also nur dann ein Schaden für den Arbeiter, wenn dem nicht ein Sinken der Preise gleichläuft. Nun sind aber im ganzen die Preise der Dinge, die mit Maschinen hergestellt werden können, alle wesentlich gesunken, die der Dinge, deren Produktion von natürlichen Voraussetzungen abhängt, besonders von Getreide und Vieh, sind gestiegen. Getreide und Vieh hat natürlich ebenfalls einen Sachwert, Tauschwert, Preis, Gebrauchswert und Bedürfnisbefriedigungswert. Auch hier sind dieselben Grundsätze maßgebend, die eben den Preis bestimmten, nur, daß der Produzent von Getreide und Vieh den Preis leichter hochhalten kann, weil der Gebrauchswert immer noch größer ist, als die im Preise zu vergütende Arbeitskraft, und der Bedürfnisbefriedigungswert, weil es sich um unumgängliche Bedürfnisse handelt, immer noch höher als der Gebrauchswert ist. Natürlich sprechen bei der Höhe dieser Preise noch besondere wirtschaftliche Rücksichten mit.

Das Wertverhältnis ist noch von dem Gesichtspunkte zu betrachten, daß zwar der Wert der Bedürfniseinheit sinkt, der Arbeitsertrag aber derselbe bleibt. Wenn K I die Ware X herstellt, täglich $2^1/_2$ X liefern kann und für X 2 ℳ einnimmt, so reichte das aus, um seine 30 Bedarfseinheiten mit 5 ℳ zu befriedigen. Sinkt nun der Wert der Bedarfseinheit auf die Hälfte, so betragen die Einnahmen von K I zwar immer noch 5 ℳ, seine Ausgaben aber nur 2,50 ℳ. K I kann daraufhin entweder seine Bedürfnisse vermehren, oder seine Arbeitszeit einschränken, oder ohne beides zu tun, den Mehrertrag seiner Arbeit zurücklegen, er kann sparen und Kapital bilden. Was davon er wählen möge, es ist immer eine Entscheidung, die er als Konsument trifft, nicht als Produzent. Auch das führt wieder darauf, daß die Kapitalbildung Sache des Konsumenten ist, und wenn nach Marx (S. 1) der Reichtum der Gesellschaften, in welchen kapitalistische Produktionsweise herrscht, als eine ungeheure Warensammlung erscheint, so sind es die Konsumenten, die diese Ware angesammelt haben, indem sie sie dem eigenen Verbrauche entzogen; sie sind nicht ein Ergebnis der Produktion, sondern das Ergebnis der Ersparung. Hierauf ist in § 7 näher einzugehen.

Es bleibt noch übrig, einen Blick auf die herrschenden Lehren zu werfen.

Marx entwickelt (S. 4), indem er erst vom Gebrauchswert der Warenkörper absieht (also N in T zurückverwandelt), daß den Warenkörpern dann nur die Eigenschaft von Arbeitsprodukten bleibe. Marx hat dabei die Ware im Sinne, die also den sich aus der Gleichung T = A ergebenden Sachwert hat. (Diesen Sachwert nennt er Tauschwert). Er abstrahiert nun vom Gebrauchswert der Arbeitsprodukte und findet, daß damit alle sinnlichen Bestandteile ausgelöscht sind; es sei nichts übrig geblieben, als eine bloße Gallerte unterschiedsloser menschlicher Arbeit, und als Kristalle der ihnen gemeinschaftlichen gesellschaftlichen Substanz seien die Dinge Werte, — Warenwerte. Im Austauschverhältnis der Waren sei der Tauschwert als etwas vom Gebrauchswerte unabhängiges erschienen. Das Gemeinsame, was sich im Austauschverhältnisse oder Tauschwert der Waren darstellt, sei also ihr Wert.

Marx findet richtig, daß sich die Gleichungen $N = A$, $G = A$, $Z = A$ usw., sobald man N, G und Z, die doch Gruppen von T bezeichnen, ihrer **besonderen** Tauglichkeit entkleidet, als Gleichungen $T = A$, $T = A$, $T = A$ nur durch die Größe von A unterscheiden — wenn A verschieden ist. Das ist ja oben schon ausgesprochen, daß sich der volkswirtschaftliche Wert nur nach dem Aufwande von Arbeitskraft bestimmt, den das Produktionsverfahren beansprucht hat. Wenn Marx nun aber weiter sagt, ein Gebrauchswert oder Gut habe nur einen Wert, weil abstrakt menschliche Arbeit in ihm vergegenständlicht sei, so übersieht er, daß das Wesen des Gebrauchswertes eben durch die Berücksichtigung des Bedürfnisses von dem des Tauschwertes unterschieden ist. Jenem liegt die Gleichung zugrunde $N = 10\,b = {}^{10}/_3\,a$, dem Tauschwerte, richtiger Sachwerte die Gleichung $T = {}^{10}/_3\,a$. Der Gebrauchswert, richtiger Bedürfnisbefriedigungswert, hat also außer der Arbeit noch eine andere durch die Gebrauchstauglichkeit $N = 10\,b$ bezeichnete Grundlage. Weil aber Marx nur die Gleichung $T = {}^{10}/_3\,a$ seinen Erörterungen zugrunde legt, kann er zu einer richtigen Würdigung des Bedürfnisses nicht gelangen.

Marx mißt sodann die Größe des Wertes an der Dauer der Arbeitszeit. Er legt die gesellschaftlich notwendige, also die im Tauschwerte zum Ausdruck kommende Arbeitszeit zugrunde und muß dabei notwendig alle die Verschiedenheiten übersehen, die sich für den Sachwert aus den Verschiedenheiten der Gleichung $A = B$ ergeben. Auch hier kommt die Berücksichtigung des subjektiven Bedürfnisses nicht zu ihrem Rechte. Die Folge davon ist, daß er sagen kann, nach Einführung des Dampfwebstuhls habe der englische Handwerker zwar dieselbe Arbeitszeit gebraucht, aber das Produkt seiner Arbeitsstunde habe nur noch eine halbe gesellschaftliche Arbeitsstunde dargestellt und sei daher auf die Hälfte seines früheren Wertes gefallen. Allerdings arbeitet die Maschine schneller, aber es muß dazu kommen, daß ihre Bedürfnisse nicht im gleichen Verhältnisse wachsen. Sie arbeitet nur vorteilhafter, wenn ihrer größeren Leistungsfähigkeit geringere Bedürfnisse gegenüberstehen[1]. Wenn beispielsweise die oben gegebene Gleichung wiederholt und neben P I eine Maschine P II mit doppelt so großen Bedürfnissen gestellt wird, ergeben sich folgende Gleichungen:

K I: $10\,a = 30\,b = 5\,\mathscr{M}$; $a = 1/2\,\mathscr{M}$; $X = 4\,a$;
folglich $X = 2\,\mathscr{M}$.

P I: $10\,a = 30\,b = 5\,\mathscr{M}$; $a = 1/2\,\mathscr{M}$; $X = 2\,a$;
folglich $X = 1\,\mathscr{M}$.

P II: $10\,a = 60\,b = 10\,\mathscr{M}$; $a = 1\,\mathscr{M}$; $X = 2\,a$;
folglich $X = 2\,\mathscr{M}$.

Das heißt aber, daß für die Wertgröße durchaus nicht allein die Arbeitsdauer maßgebend ist, sondern daß dies nur bei gleichbleibenden Bedürfnissen des Produzenten der Fall ist. Dieser Unterschied wird allerdings durch den Tauschwert, der ein Durchschnittswert ist, etwas verwischt; er bleibt aber für den Sachwert bestehen; Marx kann ihn nur übersehen, weil er den Tauschwert nicht vom Sachwert unterscheidet.

Sonach sind die folgenden Sätze nur unter der Voraussetzung richtig, daß Gleichheit der Bedürfnisse angenommen wird, z. B. S. 6: „Waren, worin gleich große Arbeitsquanta enthalten sind, oder die in derselben Zeit hergestellt werden können, haben dieselbe Wertgröße." „Der Wert einer Ware verhält sich zum Wert jeder anderen Ware wie die zur Produktion der einen notwendige Arbeitszeit zu der für die Produktion der anderen notwendigen Arbeitszeit." Zu dem letzten Satze ist besonders zu bemerken, daß er so, wie er dasteht, richtig ist, daß es aber

---

[1] Daß die Maschine und das Kapital nur billiger arbeiten, weil ihre Bedürfnisse im Verhältnisse zu ihrer steigenden Leistungsfähigkeit zurückbleiben, muß ganz klar ausgesprochen werden. Vgl. S. 66, § 9.

Die Wertgröße. 53

nicht zum Ausdruck kommt, wie sich die Arbeitszeit für die einzelne Ware bestimmt; jeder volkswirtschaftliche Wert wird an der Arbeitszeit gemessen, aber für jeden hat die Arbeitszeit eine andere Bedeutung, je nach der Zahl und Größe der Bedürfnisse des Produzenten, die in dieser Zeit befriedigt werden müssen.

Auf S. 4 sagt Marx: „Das einfachste Wertverhältnis ist offenbar das Wertverhältnis einer Ware zu einer einzigen verschiedenartigen Ware, gleichgültig welcher. Das Wertverhältnis zweier Waren liefert daher den einfachsten Wertausdruck für eine Ware." Er erörtert dann, daß das Gold die Ware sei, an welcher alle Warenwerte gemessen würden und findet, daß der Wert von 20 Ellen Leinwand gleich dem von 10 Pfund Tee oder einer halben Tonne Eisen sei, wenn alle drei Warenmengen gleich 2 Unzen Gold sind. Aber er findet nicht, daß diese 2 Unzen Gold eine ganz verschiedene Bedeutung haben, je nach den Bedürfnissen des Konsumenten, in dessen Hand sie kommen. Voraussetzung dafür, daß 20 Ellen Leinwand den Wert von 2 Unzen Gold haben ist doch, daß ein Bedürfnis nach 20 Ellen Leinwand bei dem besteht, der die 2 Unzen Gold hat, und daß das Bedürfnis in dieser Größe der Gleichung A = B entspricht. Die 20 Ellen Leinwand sind N in der Gleichung T = N, im Tauglichkeitswerturteil, die 2 Unzen Gold sind A in der Gleichung T = A, dem Sachwerturteil, es fragt sich immer noch, ob N (um bei dem gewohnten Beispiele zu bleiben) = 10 b und a = 3 b ist. So fehlt bei Marx überall die ausschlaggebende Berücksichtigung des Bedürfnisses, seine Ergebnisse sind daher abzulehnen.

In den entgegengesetzten Fehler ist die andere Schule verfallen. v. Böhm sagt S. 480, von altersher gelte es als die wichtigste Aufgabe der Werttheorie, das Gesetz aufzufinden, dem die Größe der Tauschkraft der Güter folgt. Unter Tauschkraft verstand er (S. 5) den objektiven Tauschwert, die Möglichkeit, für die Güter im Austausch eine Quantität anderer wirtschaftlicher Güter zu erlangen. Er stellt S. 501 die Regel auf: „Die

Höhe des Marktpreises wird begrenzt und bestimmt durch die Höhe der subjektiven Wertschätzungen der beiden Grenzpaare" und versteht unter Grenzpaaren „den letzten noch zum Tausch kommenden Käufer und den tauschfähigsten ausgeschlossenen Verkaufsbewerber, sowie den mindest tauschfähigen noch zum Tausche gelangenden Verkäufer und den tauschfähigsten vom Tausch ausgeschlossenen Kaufbewerber." Man sieht, hier ist zwar das Bedürfnis anerkannt, von Arbeit und Geld ist aber gar nicht die Rede. Die Methode v. Böhms wird schon an folgendem Satze klar (S. 492), der „die Preisbildung im Falle des isolierten Tausches" einleitet: „Ein Landmann benötigt ein Pferd und zwar nach seinen individuellen Verhältnissen mit einem derartigen Grade von Dringlichkeit, daß er dem Besitz eines Pferdes ebensoviel Wert beimißt, als dem Besitze von 300 Gulden", d. h. das Pferd hat für den Landmann einen Bedürfnisbefriedigungswert von 300 Gulden aber, und darauf geht v. Böhm gar nicht ein: dieser Wert ergibt sich aus dem Verhältnisse zwischen der **Größe des Bedürfnisses**, (also nicht aus dieser allein, wie man annehmen möchte), der für die Erlangung des geeigneten Pferdes **erforderlichen Arbeitskraft** und der **Tauglichkeit des Pferdes**. Für den Landmann ist mit den Worten: „ein Pferd für 300 Gulden" das ganze Bedürfnisbefriedigungs-Werturteil schon gegeben, wie das ja in Wirklichkeit oft der Fall ist, da er als Konsument auftritt.

In einem anderen Beispiel (S. 495) werden zehn Kauflustige genannt, die ein Pferd auf 300, 280, 260, 240, 200, 210, 180, 170 und 150 Gulden schätzen und 8 Verkaufslustige, die ihre Pferde, die alle von gleicher Art und Güte sind, auf 100, 120, 150, 170, 200, 215, 250 und 260 Gulden schätzen. Man hat hier ohne weiteres in den Geldsummen die Arbeitskraft zu erkennen, und müßte, da die Pferde gleicher Art und Güte sind, annehmen, daß sie alle denselben Sachwert hätten. Wenn auch der dem Beispiele zugrunde gelegte Fall der Wirklichkeit nicht ganz entsprechen kann, so bleibt doch soviel davon übrig, daß die Pferde gleicher Art und Güte nicht denselben

Preis zu haben brauchen. Man fragt sich vor allem, wie denn diese Leute dazu kommen, dasselbe Pferd so verschieden hoch zu schätzen. Der Grund liegt darin, daß die zehn Kauflustigen den Bedürfnisbefriedigungswert schätzen, die acht Verkaufslustigen den Sachwert, den das Pferd für jeden von ihnen hat. v. Böhm meint, daß die für den subjektiven Wert maßgebenden individuellen Bedarfs- und Deckungsverhältnisse so außerordentlich verschieden seien, daß nicht leicht zwei Personen für dieselbe Sache eine völlig gleiche subjektive Wertschätzung besitzen würden. Indessen: worin ist diese Verschiedenheit denn so bestimmt begründet, daß sie in einer Geldzahl ausgedrückt werden kann? Gewiß nicht nur im Bedürfnisse, in der subjektiven Wertschätzung allein, die oft das Maß des Erreichbaren übersteigt. Wie oft kommt nicht ein Bedürfnis zum Ausdruck mit dem Zusatze: „aber meine Mittel erlauben mir das nicht!" „Mittel" sind Geld und als solches Äquivalent für Arbeitskraft. Den zehn Kauflustigen aber erlauben ihre Mittel, das Pferd für 300, 280 usw. Gulden zu schätzen; sie erlauben ihnen nicht, es höher als die angegebenen Zahlen zu schätzen. Für den Höchstbietenden ist das Verhältnis $A = B$, das Arbeitswerturteil, durch 300 Gulden bestimmt: er braucht ein Pferd dieser Art und Güte und kann die den 300 Gulden entsprechende Arbeitskraft daran wenden, sich das Pferd zu verschaffen. Umgekehrt kommt für die Verkaufslustigen das Bedürfnis nach dem Pferde nicht in Betracht. Sie bilden den Preis lediglich auf Grund der Gleichung $T = A$, und berechnen A nach dem sich aus ihren wirklichen Bedürfnissen ergebenden Verhältnisse zu der im Pferde verkörperten Arbeitsleistung. Für beide Teile handelt es sich auf dem Markte zunächst darum, den Tausch- und den Gebrauchswert zu ermitteln. Der Tauschwert ergibt sich aus dem Durchschnitte der 8 Preise, er beträgt etwa 180 Gulden; kein Verkäufer kann darauf rechnen, mehr als 180 Gulden für sein Pferd zu erhalten; der Gebrauchswert bestimmt sich nach dem Durchschnitte der 10 Preise auf etwa 220 Gulden, keiner der Kauflustigen braucht damit zu rechnen, daß er mehr als 220 Gulden werde bezahlen müssen.

Nun aber berührt v. Böhm (S. 510) doch den Punkt, auf den es wesentlich ankommt, wenn er sagt, eine hohe Schätzungsziffer könne eben so gut das Ergebnis einer besonders hohen Wertschätzung der Ware als auch das einer besonders niedrigen Wertschätzung des Geldes sein. „Die Schätzungsziffer ‚200 Gulden‘ wird in gleicher Weise zum Vorschein kommen, wenn jemand ein Pferd auf 2000 und daneben einen Gulden auf 10 Einheiten irgend eines idealen Maßstabes schätzt, oder aber, wenn er das Pferd nur auf 20, daneben aber einen Gulden nur auf $1/10$ einer solchen Einheit anschlägt." v. Böhm erörtert nicht, welches der ideale Maßstab sein könne, der doch nun in Wirklichkeit den Wert des Geldes für den Schätzenden bestimmt. In den Zahlen 2000 und 20 kommt lediglich die Größe des Bedürfnisses zum Ausdruck, in den Zahlen 10 und $1/10$ des „idealen Maßstabes" aber das Verhältnis der Arbeitskraft zu den Bedürfnissen des Schätzenden. Der Gulden hat nicht für jeden denselben Wert, obwohl man nach Marx annehmen müßte, daß jeder Gulden dasselbe Maß gesellschaftlich notwendiger Arbeitszeit darstelle; vielmehr berechnet sich die Bedeutung des Guldens nach dem Anteil der Arbeitszeit, den er enthält. Wessen Arbeitskraft ausreicht in 10 Stunden, 5000 Gulden zu erarbeiten, für den hat ein Gulden den Wert von $1/500$ Arbeitsstunde, wer nur 50 Gulden erarbeitet, für den hat ein Gulden den Wert von $1/5$ Arbeitsstunde. So entfällt bei dem Reichen auch nur ein kleiner Geldbetrag auf die Bedürfniseinheit, beim Armen aber ein verhältnismäßig großer, und der Reiche kann ein Bedürfnis von 200 solcher Einheiten, die für ihn nur $2/5$ Arbeitsstunden darstellen, viel eher befriedigen als ein Armer, für den es mit 200 Einheiten 40 Arbeitsstunden darstellt. Der Maßstab ist also nicht im mindesten ideal, sondern sehr real. Auf die weiteren Ausführungen v. Böhms über die Preisbildung kann hier nicht eingegangen werden.

§ 7.
Der Wertaustausch.

Es ist gezeigt worden, daß in der Wirtschaftsordnung der Arbeitsteilung, wo also der Produzent vom Konsumenten getrennt ist, der wirtschaftliche Wert einer Sache, die man dann Ware nennt, sich ausschließlich nach der vom Produzenten auf sie verwendeten Arbeit bestimmt, daß aber die Bedeutung dieser Arbeitsleistung sich aus dem Verhältnisse der Arbeitskraft zu den Bedürfnissen des Produzenten ergibt. Die Ware hat einen Sachwert. Der Durchschnitt vieler Sachwerte ergibt den Tauschwert dieser Ware, also den Betrag, auf dessen Erstattung der Produzent mit einiger Sicherheit rechnen kann. Voraussetzung für die Verwirklichung des Tauschwertes ist aber, daß sich jemand findet, der dieser Ware einen Bedürfnisbefriedigungswert beilegt. Dieser erscheint im Durchschnitt als Gebrauchswert, als der Betrag, den der Konsument ungefähr zu zahlen jedenfalls bereit ist. Da weder der Produzent seinen Konsumenten noch dieser den Produzenten der Ware kennt, bedarf es einer Mittelsperson, es ist aber auch nötig, daß zwischen dem Tauschwert und dem Gebrauchswert eine Spannung ist, deren Ausgleichung durch Anwendung von Arbeitskraft sich lohnt.

Der Händler tritt dem Produzenten als Konsument gegenüber, aber nicht in dem Sinne, als hätte die Ware für ihn einen Bedürfnisbefriedigungswert, sondern sie hat für ihn nur Tauschwert. Er bezahlt sonach für sie nur soviel, als eben durchschnittlich für Waren dieser Art und Güte zu bezahlen ist, und er versucht natürlich, den Tauschwert herunterzudrücken. Da der Tauschwert als Durchschnittswert an sich schon niedriger ist, als eine Anzahl der Sachwerte, die ihm zugrunde liegen, ist ein Teil der Produzenten von einer vorteilhaften Produktion dieser Ware von vornherein ausgeschlossen. Wenn es dem Händler gelingt, den Tauschwert herabzudrücken, werden noch mehr von diesem Schicksal betroffen, aber die, welche den Sachwert am niedrigsten stellen können, haben auch bei niedrigem Tauschwerte immer noch einen Vorteil über den selbst berechneten Sachwert. Die billigsten Arbeitskräfte sind aber die, bei denen das Verhältnis zwischen Arbeitskraft und Bedürfnissen in dem Sinne günstig ist, daß die Arbeitskraft groß, der Bedarf klein ist.

Der Händler vergütet dem Produzenten den Tauschwert durch Aufwendung eigener Arbeitsleistung in der Äquivalentform des Geldes[1]. Der Produzent empfängt das Geld als Äquivalent für Bedarf, kann es in solchen umsetzen und hat damit seinen Bedarf, wenn auch mittelbar, durch die eigene Arbeitsleistung gedeckt. Er hat sie erstattet erhalten, er ist völlig abgefunden und kann aus dem weiteren Schicksale der Ware, für die er früher schon kein durch ein Bedürfnis begründetes Interesse hatte, keine Rechte für sich herleiten. Insbesondere hat auch die Ware in der Hand des Händlers keinen anderen Wert, als in der des Arbeiters, sie ist nach wie vor derselbe Naturgegenstand, auf den Arbeit verwendet ist, ihr wahrer Wert liegt noch in weiter Zukunft, ihr volkswirtschaftlicher Wert bemißt sich nach der auf sie verwendeten Arbeit, also, da bereits der Tauschwert vergütet ist, auf mehr als auf den Sachwert. Indessen hat doch nicht der Produzent dieser Ware den höheren Tauschwert verliehen, sondern vielmehr die Produzenten, welche sie nur mit einem höheren Sachwerte, als der Durchschnitt ist, herstellen konnten. Der Händler hat den Tauschwert bezahlt und damit die Arbeitsleistung des Produzenten zu seiner eigenen gemacht. Er hat mit der Ware auch das Risiko übernommen, einen Konsumenten zu finden, ein Risiko, welches bei ihm allerdings schon geringer ist, als beim Produzenten. Gerade die Minderung des Risikos in seiner Hand ermöglicht es ihm, dem Produzenten einen höheren Preis als den Sachwert zu zahlen.

Die weitere Steigerung des Wertes beruht auf der Arbeitskraft des Händlers. Seine Arbeit ist im wesentlichen geistige Arbeit, sie wird nach anderen Gesichtspunkten bewertet, als die

---

[1] Hier kommt zum besonderen Ausdrucke, daß das Kapital nichts ist, als objektivierte Arbeitsleistung, keineswegs etwas der Arbeitskraft Fremdes oder Feindliches.

körperliche. Eine Ware vorausgesetzt, die der Produzent gleich gebrauchsfertig liefert, besteht die Arbeit des Händlers darin, daß er erstens die Produzenten sucht, welche am billigsten liefern können, zweitens, daß er Konsumenten sucht und unter ihnen den findet, der die Ware am teuersten bezahlt. Diese Arbeiten sind durch das heutige Verkehrs-, Zeitungs- und Reklamewesen vielfach sehr vereinfacht worden, an ihre Stelle sind andere Kosten, besonders die der Reklame getreten. Zur Verbilligung solcher Arbeiten trägt auch bei, daß heute jeder Produzent seinen Abnehmer, jeder Konsument seinen Lieferanten schon kennt. Außer dieser geistigen Arbeit hat der Händler auch körperliche Arbeit teils selbst zu leisten (Briefwechsel, Reisen), teils an andere als den Produzenten zu vergüten (Verpackung, Versendung), teils aber bedarf er noch anderer tauglicher Waren, die er nach denselben Grundsätzen, aber zum eigenen Bedarf, als richtiger Konsument erwerben muß, um seine Ware dem Konsumenten näher zu bringen (Briefpapier, Packpapier, Bindfaden). Alle diese Dinge und Arbeitsleistungen müssen dem Händler erstattet werden; sie steigern die Tauglichkeit der Ware, indem sie ihr Risiko vermindern, sie steigern ihren wirtschaftlichen Wert, weil sie lauter auf die taugliche Sache verwendete Arbeitsleistungen sind. Natürlich muß auch der Händler „kalkulieren"; er muß aus dem Verhältnisse seiner Arbeitskraft zu seinen privaten Bedürfnissen die Größe der Bedeutung einer Arbeitseinheit ermitteln, genau wie der erste Produzent; er kann unter Umständen „nicht billiger liefern", ohne die Befriedigung seiner eigenen Bedürfnisse zu gefährden. Die Ware hat nun für ihn den Sachwert, der sich aus der Summe aller Aufwendungen an Arbeit und Geld ergibt, aber auch ihr Tauschwert wird durch den Durchschnitt aller Waren gleicher Art bestimmt, so daß beispielsweise in einer Stadt der Händler den meisten Zuspruch finden wird, der die Ware, selbst wenn über dem für sich berechneten Sachwerte, doch noch billiger liefert, als die anderen Händler.

Wie der Händler dem Produzenten gegenüber Zwischenkonsument war, so steht er dem Konsumenten nur als Produzent,

Zwischenproduzent gegenüber. Für ihn hat die Ware einen bestimmten Sachwert und einen bestimmten Tauschwert, woraus sich für ihn die Möglichkeit eines gewissen Preisnachlasses im Einzelfalle ergeben kann. Der Konsument fragt sich wiederum, in welchem Verhältnisse der von ihm erstattet verlangte Tauschwert zum Gebrauchswerte und zum Bedürfnisbefriedigungswerte steht. Für den Konsumenten ergibt sich aus dem Unterschiede beider Werte die Möglichkeit, im Einzelfalle mehr zu zahlen, als der Gebrauchswert forderte. Er wird der Ware überhaupt nur Wert beilegen, wenn er für sie ein Bedürfnis hat (andernfalls er das Arbeitswerturteil $A = B$ überhaupt nicht bilden kann), und wird ihr nur den Wert beilegen, der diesem Verhältnisse entspricht, die Ware also weder kaufen, wenn sie zu billig ist, d. h. wenn ihre Tauglichkeit seinem Bedürfnisse nicht genügt (dann fehlt die Möglichkeit das Tauglichkeitswerturteil $T = N$ zu bilden), noch wenn sie zu teuer ist, (also das aus dem Verhältnisse $T = A$ sich ergebende Sachwerturteil ungünstig ausfällt): wenn mehr Arbeitskraft erstattet verlangt wird, als er entsprechend der Größe seines Bedürfnisses aufwenden kann.

Findet der Händler keinen Konsumenten, so bleibt er selbst Konsument, er hat sich in seiner Hoffnung auf Verwertung der Ware getäuscht und hat den Schaden allein zu tragen, gerade wie ihn der Konsument allein zu tragen hat, der den Bedürfnisbefriedigungswert einer Sache falsch eingeschätzt hat. Die Ware wird kein wahrer Wert, weil sie nicht in den Verbrauch kommt, es zeigt sich, daß ihr wirtschaftlicher Wert nur beigelegter Wert war, die in der Hoffnung auf ihre Verwertung — dem Grunde, auf dem dieser beigelegte Wert beruhte, — auf sie verwendete Arbeitskraft ist verloren, auch sie war kein objektiver Wert. Solche Waren, die ihre Bestimmung verfehlen, sind nicht selten: man nennt sie Ladenhüter und schlägt sie schließlich los, nicht weil sie einen Wert hätten, sondern „um damit zu räumen".

All das eben Ausgeführte wiederholt sich nur, wenn an die Stelle eines Händlers deren mehrere treten: Fabrikant, Unternehmer, Arbeitgeber sind nach der Seite des Produzenten Zwischenkonsumenten, nach der des Großhändlers Zwischenproduzenten, ebenso ist der Großhändler für den Unternehmer Zwischenkonsument, für den Kleinhändler Zwischenproduzent und der Kleinhändler steht wieder dem Großhändler als Zwischenkonsument, seinem Kunden als Zwischenproduzent gegenüber. Jeder von ihnen löst die Ware aus dem Interessenkreise seines Vormannes völlig los, er erstattet alle bis dahin aufgewendete Arbeitskraft mit eigener Arbeitskraft und übernimmt mit der tauglichen Sache ihr Risiko. Der steigende wirtschaftliche Wert der Ware setzt sich zusammen aus dem unveränderten Sachwerte, aus den einzelnen Arbeitsleistungen der Zwischenhändler und aus der Vergütung für das Sinken des Risikos, weil der Konsument nun sein Werturteil dicht vor dem Konsum stellen und daher sicherer abgeben kann.

Des Unternehmers oder Arbeitgebers ist noch besonders zu gedenken. Seine Aufgabe ist es nicht nur, Produzenten und Konsumenten zu finden, sondern die Produktion zu ermöglichen und zu regeln. Er hat sein erstes Augenmerk auf die tauglichen Gegenstände zu richten und muß sie, ehe sie dahin kommen, wo ihr Verbrauch möglich ist, erst dahin bringen, wo sie einen Sachwert erhalten. Er hat ein besonderes Interesse daran, daß dieser Sachwert von möglichst vielen der Sacheinheiten erreicht wird, weil es sich um seine Arbeitskraft handelt, mit der er die der Arbeiter vereinbarungsgemäß vergütet. Er ist es, der die Möglichkeit der Arbeit schafft, ohne das Risiko der Arbeit bei dem Arbeiter zu lassen, aber er ist es auch, der den Arbeiter nötigt, die Gleichung $A = B$ nicht von der Seite der Bedürfnisse, sondern von der des Ertrages seiner Arbeitskraft aufzustellen; durch den bestimmten Lohn ist nun dieser Ertrag zuerst gegeben und es ist Sache des Arbeiters, seine Bedürfnisse danach einzurichten.

§ 8.
Der Mehrwert.

Die beiden Tatsachen, daß sich der Warenkörper einer vom Produzenten gebrauchsfertig hergestellten Sache nicht mehr ändert, daß aber ihr Preis beim Konsumenten höher ist, als beim Produzenten, haben zur Lehre vom Mehrwert geführt. Unter Mehrwert versteht Marx (S. 113) den Überschuß über den ursprünglichen Wert. Der vorgeschossene Wert verändere in der Zirkulation seine Wertgröße, er setze einen Mehrwert zu, verwerte sich, und diese Bewegung verwandele ihn in Kapital. Das Kapital aber (S. 128) könne nicht aus der Zirkulation entspringen und es könne ebensowenig aus ihr nicht entspringen. Die Voraussetzungen dieses seines Problems erörtert er (S. 109) an der Formel W—G—W, Ware, Geld, Ware, d. h. verkaufen um zu kaufen, und an der für ihn von dieser spezifisch unterschiedenen Formel G—W—G, kaufen um zu verkaufen. In dieser letzteren Zirkulation verwandele sich das Geld in Kapital und sei schon seiner Bestimmung nach Kapital. Der Kreislauf W—G—W gehe von dem Extrem einer Ware aus und schließe ab mit dem Extrem einer anderen Ware, die dem Konsum anheimfalle. Gebrauchswert sei sein Zweck. Der Kreislauf G—W—G gehe dagegen aus von dem Extrem des Geldes und kehre zu demselben Extrem zurück; sein treibendes Motiv sei der Tauschwert selbst. Es sei zwar möglich, daß auch in W—G—W die beiden Extreme quantitativ verschieden seien, doch sei das rein zufällig.

Diese Ausführungen können nicht als richtig anerkannt werden. Vor allem handelt es sich weder bei der Form W—G—W, noch bei G—W—G um einen Kreislauf, sondern beide Formen sind Ausschnitte aus dem Wege, den die Ware vom Produzenten zum Konsumenten zurückzulegen hat. Anfangspunkt dieses Weges ist aber die Arbeitskraft A, die aus irgend einer Sache eine Ware W macht. Für den Produzenten zum Selbstkonsum lautet die Formel A—W: er verwendet seine Arbeitskraft auf eine Sache, die seinem Bedürfnisse zu dienen geeignet und bestimmt ist. Da in der Befriedigung dieses Bedürfnisses ein Lebensvorteil für ihn liegt, den er höher bewertet, als die Arbeitskraft, und überhaupt die Arbeitskraft wertlos ist, wenn sie nicht zweckmäßig verwendet wird, so ist schon hier $A < W$, wobei also W ein Bedarfsgut des Inhabers von A bezeichnet. Ist der Produzent vom Konsumenten getrennt, so bedarf es der Ver-

Der Mehrwert.

mittelung des Geldes, weil der Produzent nun nur Waren, w, herstellt, die er nicht selbst verbraucht, vielmehr sich seinen Bedarf kaufen muß. Die Formel lautet für ihn also A—w—G—W. Auch hier ist W größer als A. Die Formel A—w—G bezeichnet hier nur den Vorgang, wie aus der Arbeitskraft Geld wird: A, w und G entsprechen sich im Werte, so daß A gleich G gesetzt werden kann, und nun die Formel lautet $G < W$. Dies entspricht dem Satze, daß das Geld, insofern es ausgegeben wird, Äquivalent für Arbeitskraft ist.

Verfolgt man den Lauf von w im Zwischenhandel, so vergrößert sich sein wirtschaftlicher Wert in jeder Hand durch eine zusätzliche Arbeitsleistung, durch die Verminderung des Risikos und durch die dem Konsumenten ersparte Arbeit, sich die Sache zu suchen, die ihm entgegen kommt, alles das hier ausgedrückt durch a. Hiermit muß auch der Geldwert der Ware wachsen, dies ausgedrückt durch x. Die Formel hat daher diese Gestalt: $A—w—G < wa—Gx < w_2a—G_2x < w_3a—G_3x < W$, und es leuchtet ohne weiteres ein, daß irgend ein Ausschnitt aus dieser Formel zeigen muß, um wieviel der wirtschaftliche Wert der Sache gewachsen ist. Wenn dies für die Formel W—G—W verkannt wurde, so lag das an zwei Gründen: zum ersten daran, daß der Warenkörper W an beiden Stellen allerdings derselbe Warenkörper ist. Es ist aber doch auch nicht erforderlich, daß jede Arbeitsleistung eine mechanische Veränderung an ihm hervorbringen müsse, wie denn z. B. die Beförderung oder Versendung einer Ware eine Arbeitsleistung ist, die man der Ware niemals ansieht, die aber den Wert der Ware dadurch steigert, daß sie sie dem Konsumenten näher bringt und das mit ihr verbundene Risiko verkleinert hat. Zum andern aber unterscheidet Marx hier nicht zwischen Sachwert, (Tauschwert) und Gebrauchswert, sondern für ihn ist der Wert der Ware nur durch den Gebrauchswert bestimmt.

Jede Ware strebt vom Produzenten fort nach dem Konsumenten hin; rückläufig entspricht diesem Wege das Geld, welches vom Konsumenten aus dem Produzenten zuströmt. Wie der Wert der Ware steigt, so sinkt, von rückwärts angesehen, die Größe des sie ersetzenden Geldbetrages: ganz natürlich, denn beim Produzenten entsprechen sich beide im Sachwerte, beim Konsumenten im Gebrauchswerte. Marx hat nun offenbar die Formel W—G—W vom Standpunkte des Produzenten aus gesehen, die Formel G—W—G vom Standpunkte des Händlers aus, den er zu Unrecht Kapitalisten nennt. Allerdings spielt sich bei diesem nur ein Teil des Güterumlaufes ab; er kauft die Ware, um sie zu verkaufen. Indessen zeigt die Formel G—W—G, was die Wertsteigerung anlangt, kein anderes Bild, als die Formel W—G—W. Von hier aus gesehen gewinnt die Behauptung S. 149 ein anderes Aussehen. Marx sagt hier, dem Kapitalisten handele es sich um zweierlei. Erstens wolle er einen Gebrauchswert produzieren, der einen Tauschwert habe und zweitens eine Ware, deren Wertsumme höher sei, als die Wertsumme der zu ihrer Produktion erheischten Waren, der Produktionsmittel und der Arbeitskraft. Richtig ausgedrückt handelt es sich dem Kapitalisten darum, erstens einen Sachwert zu produzieren, der einen Gebrauchswert hat, (der Produzent zum Selbstkonsum produziert diesen Sachwert für sich, der Kapitalist für andere) und zweitens eine Ware, deren Wert höher ist, als die auf sie verwendete Arbeitskraft, (denn die „zur Produktion erheischten Waren und die Produktionsmittel" lassen sich auf Arbeitskraft zurückführen und als solche ausdrücken). So besagen beide Wendungen ganz dasselbe Selbstverständliche: der Sachwert, der einen Gebrauchswert hat, ist eine Ware, deren Wert beim Konsumenten höher ist, als beim Produzenten, und der Kapitalist, als Produzent zu fremdem Konsum will nichts Anderes, als der Produzent zum Selbstkonsum. Beide verwenden ihre Arbeitskraft, jener sie in Geldform, dieser sie in ihrer natürlichen Beschaffenheit, um Bedarfsgüter herzustellen, die als solche einen höheren Wert haben, denn als Sachwerte. Sonach könnte die Frage nach dem Mehrwerte gar nicht auftauchen. Der Grund dafür, daß sie ein Problem geworden ist, liegt darin, daß man die Ware nur von dem Standpunkte des Produzenten aus betrachtete, aber doch als ihren Wert stets nur den Gebrauchswert sah, den sie erst beim Konsumenten hat. Es ist richtig, daß dem Produzenten nicht der Gebrauchswert vergütet wird, aber den hat die Ware bei ihm auch nicht, und es ist nicht ein besonderes Kunststück des Kapitalisten, eine Ware teurer zu verkaufen, als er sie gekauft hat, sondern die Wertsteigerung beruht auf einem allgemeingültigen wirtschaftlichen Gesetz.

Marx hat sich aber nun an die Lösung dieses so nicht bestehenden Problems gemacht und findet (S. 135) die Möglichkeit der Erklärung auf Grund der Annahme, daß in der für den Durchschnittsarbeitstag des Arbeiters nötigen Warenmasse sechs Stunden gesellschaftlicher Arbeit steckten, daß sich also in der Arbeitskraft täglich ein halber Tag gesellschaftlicher Durchschnittsarbeit vergegenständliche, oder ein halber Arbeitstag zur täglichen Produktion der Arbeitskraft erheischt sei. Dies sei der Tageswert der Arbeitskraft (S. 156), den der Kapitalist bezahle. Er lasse aber nun den Arbeiter 12 Stunden arbeiten und beziehe so das Doppelte der zur Unterhaltung des Arbeiters erforderlichen Arbeitsleistung für den Preis der einfachen Erhaltung seiner Arbeitskraft. Marx unterstellt, daß der Tageswert der Arbeit 3 ℳ betrage (es sei gestattet, die Schillinge durch Mark zu ersetzen), und daß in 3 ℳ 6 Arbeitsstunden verkörpert seien. Sonach verkörpern 12 Arbeitsstunden 6 ℳ, und da der Kapitalist dem Arbeiter nur 3 ℳ bezahlt, so zieht er täglich 3 ℳ Mehrwert ein.

Diese ganze Beweisführung scheitert schon an ihrer Voraussetzung. Marx macht nicht den geringsten Versuch, seine Behauptung, daß 6 Stunden Arbeit für den Unterhalt des Arbeiters anzusetzen seien, zu beweisen. Sie läßt sich auch nicht beweisen. Es ist zu unterscheiden, ob der Arbeiter in 6 Stunden seinen Lebensunterhalt verdient, oder ob sein täglicher Unterhalt 3 ℳ kostet. Im ersteren Falle ist der Arbeiter durch nichts gezwungen, 12 Stunden zu arbeiten. Das äußerste Beispiel hierfür ist der Arbeitsscheue, dessen Bedürfnisse so gering sind, daß er überhaupt kaum zu arbeiten braucht, — und er arbeitet auch nicht.

Wenn aber jener Arbeiter mehr als 6 Stunden arbeitet, so kann er, wie schon oben gezeigt wurde, entweder seine Bedürfnisse steigern, oder den Ertrag dieser Mehrarbeit in Geldform zurücklegen, d. h. Kapital bilden. Wenn aber sein täglicher Unterhalt 3 ℳ kostet, so ist es eine offene Frage, wie lange er arbeiten muß, um diese 3 ℳ zu verdienen. Ist seine Arbeitskraft derart, daß sie ihm in der Stunde 0,5 ℳ einbringt, so braucht er nur 6 Stunden zu arbeiten; trägt sie ihm nur 0,25 ℳ ein, so muß er 12 Stunden arbeiten. Wenn er also bei Marx 12 Stunden tätig sein muß, um 3 ℳ Lohn zu erhalten, so hat seine Arbeitskraft eben nur den Stundenpreis von 0,25 ℳ, und es ist ein voller Arbeitstag nötig, ihm den täglichen Lebensunterhalt zu verschaffen. Die Annahme von Marx wäre also nur dann richtig, wenn der Stundenlohn des Arbeiters 0,5 ℳ betrüge. Dann aber wäre es unverständlich, daß der Arbeiter 12 Stunden zu je 0,25 ℳ arbeitete. Daß übrigens der Kapitalist die Arbeitskraft nicht kauft, sondern mietet, und daß er nicht die ganze Arbeitskraft mietet, — sonst wäre ja keine Überarbeit möglich, — sei hier nur nebenbei erwähnt[1].

§ 9.
Der Wert der Arbeit.

Greift man von hier aus zurück nach dem Satze S. 5, gesellschaftlich notwendige Arbeitszeit sei solche, die nötig sei, um irgend einen Sachwert (Marx sagt Gebrauchswert), mit den gesellschaftlich normalen Produktionsbedingungen und dem gesellschaftlichen Durchschnittsgrad von Geschick und Intensität der Arbeit darzustellen; nach Einführung des Dampfwebstuhls in

---

[1] Marx bespricht zwar den Zeitlohn (S. 505), aber er kommt nicht darauf, daß, wenn man „den durchschnittlichen Tageswert der Arbeitskraft durch die Stundenzahl des durchschnittlichen Arbeitstages dividiert", in seinem oben wiedergegebenen Beispiele der Stundenwert der Arbeitsleistung nicht 0,50 ℳ, sondern nur 0,25 ℳ ist, — womit er freilich auch alle seine Ausführungen über den Mehrwert als unrichtig erkennen müßte.

England habe z. B. halb so viel Arbeit genügt, als vorher, um ein gegebenes Quantum Garn in Gewebe zu verwandeln und der Handarbeiter habe zwar dieselbe Arbeitszeit wie früher gebraucht, sein Produkt sei aber auf die Hälfte des früheren Wertes gefallen, so ist diesen Ausführungen gegenüber kurz Folgendes zu bemerken.

Zu jeder Arbeitsleistung gehört eine objektiv bestimmbare Menge Arbeitskraft und es fragt sich nur, in welchem Verhältnisse sie zu den Bedürfnissen steht, von denen sie abhängt. Der Begriff der gesellschaftlich notwendigen Arbeitszeit ist es also nicht, der für die Bestimmung der Wertgröße einer Sache verwendbar wäre. Wenn z. B. ein Krahn das Gewicht hebt, welches die Kraft von 100 Männern erfordert, so setzt er eben die Kraft von 100 Männern ein, und 100 Männer würden diese Arbeitsleistung in derselben Zeit bewältigen, die der Krahn braucht. Die Leistung des Krahns ist billiger lediglich, weil seine Bedürfnisse geringer sind, als die der 100 Männer, denn gesetzt, daß sie gerade so viel oder mehr betrügen, so wäre bei der Benutzung des Krahnes gar kein wirtschaftlicher Vorteil. Für den Wert einer Sache sind also die Kosten der Arbeitsleistung entscheidend, wenn man unter „Kosten" den Betrag versteht, der dem Verhältnisse zwischen Arbeitskraft und Bedarf, auf die Arbeitszeit umgerechnet und in Geld ausgedrückt, entspricht. Das gesellschaftlich notwendige Maß dieser Kosten sinkt, wenn der Bedarf des Produzenten sinkt, und, wenn man die Arbeitskraft dem Bedarf gleichsetzt, so sinkt hiermit auch der Preis der Arbeitskraft. Es ist also nicht richtig, daß nach Einführung des Dampfwebstuhles halb so viel Arbeit genügt habe, sondern zur Verwandlung von Garn in Gewebe ist unter allen Umständen die gleiche Arbeitskraft erforderlich, welche in der halben Zeit der von zwei Männern entspricht, aber die Maschine hat in dieser ihrer Arbeitszeit weniger Bedürfnisse als zwei Männer, und deshalb ist ihre Arbeitskraft billiger als jene. Da nun Kapital und Maschinen überhaupt weniger Bedürfnisse haben als der Mensch, so muß mit zunehmender Anwendung derselben der

Preis der Arbeitskraft fortwährend sinken, zum Nachteil der lebendigen Arbeiter und es ist nicht möglich, vom Standpunkte des Arbeiters und seiner Bedürfnisse aus zu einer Feststellung des gesellschaftlichen Wertes einer Sache zu kommen.

Wie früher der bedürfnislose Arbeiter dem anspruchsvolleren gegenüber im Vorteil war, so jetzt die Maschine allen Arbeitern gegenüber, und der Wert einer Arbeitsleistung bemißt sich zwar immer noch nach den Bedürfnissen, aber jetzt nach denen der Maschine, im Verhältnis zu der alle Arbeiter nun eine kleine Arbeitskraft und große Bedürfnisse haben. So ist der Sachwert gesunken, und das soziale Problem, von dieser Seite gesehen, besteht darin, den Sachwert wieder dem Gebrauchswerte anzunähern. Das kann durch Ausschaltung des Zwischenhandels nicht erreicht werden, weil dadurch der Preis dem Sachwerte angenähert wird, der Preis der Sache niediger wird, nicht der Sachwert höher. Es kann auch nicht durch die Monopolisierung der Produktion geschehen, weil diese bestrebt ist, den Preis zu erhöhen, wobei der Unterschied zwischen Preis und Gebrauchswert zwar sinken wird, aber der zwischen Preis und Sachwert steigen muß. Es könnte geschehen durch Monopolisierung der Arbeitskraft selbst, wenn das nicht schon ein Widerspruch in sich selbst wäre, weil die Arbeitskraft eine besondere Gabe jedes einzelnen Menschen ist, die ihm nicht genommen werden kann, ohne daß ein der Sklaverei ähnliches Verhältnis entstünde. Auch dürfte die Monopolisierung der sogenannten Produktionsmittel nicht zum Ziele führen. Die Unterschiede in den einzelnen lebendigen Arbeitskräften würden nicht ausgeglichen, aber jedem, der sich emporarbeitet, müßte sein Errungenes, sobald es als Produktionsmittel angesehen werden kann, genommen werden.

Es kann also nicht geleugnet werden, daß die Entwicklung zu schweren Übelständen geführt hat, allein es ist nicht richtig, alle Schuld daran mit Marx dem Kapitalisten aufzubürden. Man muß den Kapitalisten als einen Mann mit einer besonders großen und billig arbeitenden Arbeitskraft ansehen; bei ihm ist das Verhältnis zwischen seiner Arbeitskraft und seinen Bedürfnissen so günstig, daß er, sofern er Rentner ist, seine eigene natürliche Arbeitskraft überhaupt nicht mehr auf die Deckung seines Bedarfes zu verwenden braucht. Er ist in derselben Lage, wie ein Arbeiter mit großer Arbeitskraft und kleinen Bedürfnissen; der Unterschied zwischen beiden ist nur quantitativ, nicht qualitativ.

Marx fragt S. 545, woher der erste Kapitalist sein Kapital habe und findet, daß die Antwort: durch seine eigene Arbeit und die seiner Vorfahren, die einzige zu sein scheine, die zu den Gesetzen der Warenproduktion stimme. Er legt das Hauptgewicht auf das „scheint" und versucht, S. 679 ff. die von ihm sogenannte ursprüngliche Akkumulation im wesentlichen auf die Enteignung der Landbevölkerung zurückzuführen. Die Enteignung an sich kann natürlich kein Kapital schaffen, denn auch das enteignete Land ist nur eine taugliche Sache, die zwar einen wirtschaftlichen Wert erhalten kann, aber doch erst, wenn Arbeitskraft darauf verwendet ist. Die Ansammlung von Land in einer Hand gibt diesem Lande zunächst nur die Eigenschaft eines Schatzes und ist nicht anders zu beurteilen, als eine Ansammlung von Kunstgegenständen, besonders dann nicht, wenn das Land zu Park oder Jagdgebieten, — bei denen der wirtschaftliche Wert ganz im Hintergrunde steht, verwendet wird. Die Freisetzung von Arbeitern schafft aber auch kein Kapital, sondern sie drückt nur den Preis der Arbeitskraft und ermöglicht so schon ohne Maschinen ein Herabsetzen des Sachwertes, eine Möglichkeit, die freilich vielfach ausgebeutet und zur Kapitalbildung verwendet worden ist. Schließlich fällt die Enteignung nicht in das Gebiet der Volkswirtschaft, sondern ist eine politische Tat des Stärkeren gegen den Schwächeren.

Die beschleunigte Kapitalbildung, welche Marx schildert, hat also vor der Maschinenzeit zur Voraussetzung, daß billige Arbeitskräfte, wie sie durch die Freisetzung des Arbeiters verfügbar werden, vorhanden sind. Das Kapital selbst aber wird nicht durch den Arbeiter geschaffen, sondern, wie stets, nur dadurch, daß die Erträgnisse der Arbeit nicht von den Bedürfnissen aufgezehrt werden. So ist der Satz in der Tat richtig, daß das erste Kapital aus der Arbeit seines Besitzers stamme, wofür sich Beispiele aus der modernen Geschichte leicht finden lassen (Krupp, Siemens, und alle Männer, die man self made mans nennt). Und hierfür kommt es auf das Eigentum an den Produktionsmitteln gar nicht an.

MIX
Papier aus verantwortungsvollen Quellen
Paper from responsible sources
FSC® C105338

Printed by Libri Plureos GmbH
in Hamburg, Germany